藝術文獻集成

燕閑清賞箋

〔明〕高濂

浙江人民美術出版社

圖書在版編目(CIP)數據

燕閑清賞箋/(明)高濂撰;李嘉言點校.—杭州:浙江人民美術出版社,2019.12 (2025.4重印)
(藝術文獻集成)
ISBN 978-7-5340-7489-9

Ⅰ.①燕… Ⅱ.①高… ②李… Ⅲ.①雜著－中國－明代－選集 Ⅳ.①Z429.48

中國版本圖書館CIP數據核字(2019)第152755號

燕閑清賞箋
〔明〕高 濂 撰
李嘉言 點校

責任編輯 霍西勝 張金輝 羅仕通
責任校對 余雅汝 於國娟
裝幀設計 劉昌鳳
責任印製 陳柏榮

出版發行 浙江人民美術出版社
(浙江省杭州市體育場路347號)
網 址 http://mss.zjcb.com
經 銷 全國各地新華書店
製 版 浙江時代出版服務有限公司
印 刷 三河市嘉科萬達彩色印刷有限公司
版 次 2019年12月第1版
印 次 2025年4月第3次印刷
開 本 880mm×1230mm 1/32
印 張 8.625
字 數 120千字
書 號 ISBN 978-7-5340-7489-9
定 價 59.80圓

點校説明

《燕閑清賞箋》三卷，明代高濂著，是書係高氏所著《遵生八箋》論藝術雅玩於養生之價值之一箋。

高濂，字深甫，號瑞南道人，又號湖上桃花漁。生卒年不詳，約生活於嘉靖至萬曆年間。曾於鴻臚寺任官，後退隱故鄉杭州，優遊度日。高氏爲明代著名戲曲家、藏書家、養生學家，爲人「博學宏通，鑒裁玄朗」（屠隆語），著作除《遵生八箋》外尚有《雅尚齋詩草》、《芳芷樓詞》及戲曲《玉簪記》、《節孝記》等。

《遵生八箋》爲養生學著作。書凡十九卷，目一卷，按内容分爲八類，每類一箋，故名八箋。是書從清修妙論、四時調攝、起居安樂、延年却病、飲饌服食、燕閑清賞、靈秘丹藥和塵外遐舉八個方面系統全面地總結了我國古代養生學。其蒐集之宏，包羅之廣，允爲我國明以前養生學之集大成。《四庫總目》云：「卷一卷二曰清修妙論箋，皆養身格言，其宗旨多出於二氏。卷三至卷六曰四時調攝箋，皆按時修養之訣。卷七卷八曰起居安樂箋，皆寶物器用可資頤養者。卷九卷十曰延年却病箋，皆服氣導引諸術。卷十一至十三曰飲饌服食箋，皆食品名目，附以服餌諸物。卷十四至十六曰燕閑清賞箋，皆論賞鑒清玩之事，附以種花卉法。卷十七十八曰靈秘丹藥箋，皆經驗方藥。卷十九曰塵外遐舉箋，則歷代隱逸一百人事蹟也。書中所載，專以供閑適消遣之用。標目編類，亦多涉纖仄，不出明季小品積習，遂爲陳繼儒、李漁等濫觴。」其書雖時涉瑣碎，然於古代士人日常生活諸方面，舉凡醫藥衛生、飲食起居、山川优遊、花鳥蟲魚、琴棋書畫、筆墨紙硯、文玩鑒賞等，均有述及，可作今日瞭解研究之用。其論養生，多從身心調養、性情陶冶、藝術欣賞、生活調攝、衛生保健等方面立論，亦可資借鑒。

《燕閑清賞箋》從藝術欣賞、性情陶冶諸方面論養生調心之道。其主旨一如高氏所云：「閑可以養性，可以悦心，可以怡生安壽。」是篇共分上中下三卷，所論含古鑒賞、寶玩、銅器、玉器、瓷器、藏書、碑帖、漆器、書畫、筆墨紙硯、文房器具、香、琴、瓶花、四時花紀、花竹五譜，不僅有歷代名品之著録，更有品評鑒賞、辨别真僞、使用收藏、種植養護等細節。而於銅器、瓷器、圖書、法帖、古硯等物論辯綦評，頗多新見；以賞鑒清玩爲養生之道，亦别出心裁。

《燕閑清賞箋》古無單行本，今從《遵生八箋》中抽出付印。《遵生八箋》萬曆十九年（一五九一）初次刊刻，題爲《雅尚齋遵生八箋》，其後翻刻流傳版本約十多種，其中尤以崇禎年間刻本及弦雪居本爲流布最廣。此次整理以書目文獻出版社影印本雅尚齋刻本爲底本，以弦雪居本、《四庫全書》本（以下簡稱「四庫本」）參校，并以書中引用傳世文獻加以校勘，其中誤刻錯字徑改，不出校記；異文不影響文意者亦不出校記。在點校過程中還參考了人民衛生出版社趙立勛等校注之《遵生八箋校注》及巴蜀書社王大淳點校本《遵生八箋》，特此致謝。由於本人水平有限，錯誤在所難免，懇請讀者指正。

點校者

二〇一二年四月

目録

瓶花之法……一六〇
四時花紀……一六一
牡丹芍藥建蘭菊花
四種……一六一
甌蘭花三種……一六二
玉蘭花……一六二
迎春花……一六二
杏花……一六三
桃花十種……一六三
山礬花……一六三
笑靨花……一六四
蝴蝶花……一六四
金莖花……一六四
紫荊花……一六四
李花……一六五
映山紅……一六五
鹿葱花……一六五
萵苣花……一六六
金雀花……一六六
粉團花二種……一六六
薔薇花……一六六
寶相花……一六七
十姊妹……一六七
金沙羅……一六七
黃薔薇……一六七
金鉢盂……一六八

燕閑清賞箋上卷

高子曰：心無馳獵之勞，身無牽臂之役，避俗逃名，順時安處，世稱曰閑。而閑者匪徒尸居肉食，無所事事之謂。俾閑而博奕樗蒲，又豈君子之所貴哉？孰知閑可以養性，可以悦心，可以怡生安壽，斯得其閑矣。余嗜閑，雅好古，稽古之學，唐虞之訓；好古敏求，宣尼之教也。好之，稽之，敏以求之，若曲阜之舄，岐陽之鼓，藏劍淪鼎，兑戈和弓，製度法象，先王之精義存焉者也，豈值剔異搜奇，爲耳目玩好寄哉？故余自閑日，遍考鐘鼎卣彝，書畫法帖，窑玉古玩，文房器具，纖細究心。更校古今鑒藻，是非辯正，悉爲取裁。若耳目所及，真知確見，每事參訂補遺，似得慧眼觀法。他如焚香鼓琴，栽花種竹，靡不授正方家，考成老圃，備注條列，用助清歡。時乎坐陳鐘鼎，几列琴書，拓帖[一]松窗之下，展圖蘭室之中，帘櫳香靄，欄檻花妍，雖咽水餐雲，亦足以忘饑永日，冰玉吾齋，一洗人間氛垢矣。清心樂志，孰過於此？編成箋曰《燕閑清賞》。

叙古鑒賞

《洞天清録》云：人生世間，如白駒之過隙，而風雨憂愁，輒三之二，其間得閑者，才十之一耳。况知之而能享者，又百之一二。於百一之中，又多以聲色爲樂，不知吾輩自有樂地。悦目初不在色，盈耳初不在聲。明窗净几，焚香其中，佳客玉立相映，取古人妙迹圖畫以觀，鳥篆蝸書，奇峰遠水，摩挲鐘鼎，親見商周。端硯湧岩泉，焦桐鳴珮玉，不知身居塵世，所謂受用清福，孰有逾此者乎？

《長慶集》云：堂中設木榻四，素屏二，琴一張，儒道佛書各數卷。樂天既來爲主，仰觀山，俯聽泉，旁睨竹樹雲石，自辰及酉，應接不暇。俄而物誘氣隨，外適内和，一宿體寧，再宿心恬，三宿後頽然嗒〔二〕然，不知其然而然。

《澄懷集》云：江南李建勛，常蓄一玉磬尺餘，以沉香節按柄扣之，聲極清越。客有談及猥俗之語者，則起擊玉磬數聲，曰：「聊代清耳。」一竹軒榜曰「四友」，以琴爲嶧陽友，磬爲泗濱友，《南華經》爲心友，湘竹爲夢友。

周公謹邀趙子固，各携所藏書畫，放舟湖上，相與評賞。飲酣，子固脱帽，以酒晞髮，箕踞歌《離騷》，傍若無人。薄暮入西泠，掠孤山，艤舟茂樹間，指林麓最幽處，瞪目絶叫，曰：「此洪谷子、董北苑得意筆也。」鄰舟驚歎，以爲真謫仙人。其鑒賞如此。

太宗酷好書法，有大王真迹三千六百紙，率以一丈二尺爲一軸，寶惜者獨《蘭亭》爲最，置於坐右，朝夕觀覽。偶一日附耳語高宗曰：「吾千秋萬歲後，與吾《蘭亭》將去也。」及奉諱，用玉匣貯之，藏於昭陵。

陶貞白隱貝都山，嘗寶蓄二刀，一曰善勝，一曰寶勝，往往飛去。人望之如二條青蛇。

唐李德時，有一老叟引五六輩舁巨桑請謁。出見，叟曰：「此木某寶之三世矣，某年耄，感公之德，聞公好奇異，是以獻耳。木中〔三〕有奇寶，須得洛匠斫之。」後解爲二琵琶，槽内生白鴿二，羽翼嘴足，巨細畢備。解失厚薄不中，一面鴿失一翼。全者已進，其一今在民間。

李衛公寶一方竹杖，來自大宛國，堅實而正方，節眼鬚牙，四面對出。因贈甘露寺僧，重其道行。一日再過浙右，問僧曰：「竹杖無恙否？」僧曰：「已規圓而漆之矣。」公嗟惋彌日。

僞蜀詞人文谷詣劉光祚，劉方約二道士看桃核杯。二士至，取杯出視之，闊尺餘，紋采燦然，真蟠桃核也。劉曰：「余少年游華岳，逢一道士贈者，寶之有年矣。」座上二道上，一出白石圓子，上有文采，如二童子引仙人，眉髮悉備，云爲麻姑洞中得之。一出石，闊一寸，長二寸五分，上隱蟠龍，鱗角爪鬣俱全，云爲巫峽中得之。文谷喜曰：「何幸一日盡睹二奇物！」

隋僕射蘇威，有鏡精好，日月蝕幾分，鏡亦如之。威以左右所污，不以爲意。他日月蝕其半，其鏡亦半昏，始寶藏之。後櫃中有聲如雷，尋之，乃鏡聲也。

隋末，廣州好事僧有三寶：一曰右軍《蘭亭》；二曰神龜，以銅爲之，腹受一升，以水貯之，四足能行，隨在去之；三曰如意，以鐵爲文，光明洞徹，色如水晶。

歐陽率更出，見古碑，索靖所書，駐馬觀之，良久而去數步，後下馬佇立，疲則布毯坐觀，因宿其傍，三日而後去。

閻立本至荆州，視張僧繇舊迹，曰：「定虚得名耳。」明日又往，曰：「猶是近代佳手。」明日又往，曰：「名下定無虚士。」坐卧觀之，留宿其下，十日不能去。

曹公作欹床，卧以視書。六朝人作隱囊，柔軟可倚。備此爲賞識之具。

《滄浪集》云：耳目清曠，不設機關以待人，心安閑而體舒放。三商而眠，高舂而起，静院明窗之下，羅列圖史琴尊自娱。家有園林，珍花奇石，曲池高臺，魚鳥留連，不覺日暮。

趙子固，宋諸王孫，家藏圖書鐘鼎寶玩甚富，亦善繪事。後得五字不損本《蘭亭》於雪川，喜甚，乘夜回嘉興。棹至昇山，大風覆舟，子固立淺處，手持《蘭亭》，示人曰：帖已在此，餘不足以介意。因題卷尾曰：性命可輕，至寶是寶。

米元章少負英聲，以恩補校書郎，遷太學博士。東坡云：清雅拔俗之文，超邁入神之學，何時見之，以洗瘴毒？兒子得《寶月賦》，琅然一誦，老夫卧聽未畢，蹶然而起，恨二十年相從，知元章不盡。此賦當過古人，不論今世也。後愛京口溪山之勝，瑰奇秀溜者，則取袍笏拜之，呼爲石丈云。

遂定居焉。作庵城東，自號海嶽。喜蓄書畫古玩，尤爲黄太史所重。平生好石，見有

叙古諸品寶玩

《十洲記》：周穆王時，西域獻昆吾割玉刀及夜光常滿杯。刀切玉如泥。杯是白玉之精，光明夜照。冥夕出杯於中庭向天，比明而水汁已滿杯中矣。汁甘而香美，斯實靈人之器。

周靈王起昆陽臺，渠胥國來獻玉駱駝，高五尺；琥珀鳳凰，高六尺；火齊鏡，高三尺，暗中視物如晝，向鏡則見影應聲。

西域折股國，能爲飛車，從風遠行，記里有鼓，車上木人執槌，行一里，擊鼓一槌。

戰國時，有人盗王子喬墓，惟一劍存，欲取，劍作龍吟，俄飛上天。

吴王得越三劍：一曰魚腸，二曰盤郢，三曰湛盧。

方丈山有龍場，龍鬥於此，膏血如流水，色黑，着地堅凝如漆，有紫光，用作寶器。

越王得昆吾之金，鑄八劍：一名掩日，指日日昏。金，陰物也，陰勝陽滅故耳。二名斷水，畫水開而不合。三名轉魄，指月則蟾兔爲之側轉。四名懸翦，飛鳥游蟲，觸刃如截。五名驚鯢，以之泛海，鯨鯢遠遁。六名滅魂，挾之夜游，魑魅潛迹。七名却邪，用止妖祟。八名真剛，以之切玉，如削土木。以應八方之氣。

漢時，西成獻吉光裘，入水數日不濡，入火不焦。

漢武時，西毒國獻連環羈，以白玉製之，瑪瑙石爲勒，白琉璃爲鞍，置暗室中，其光如晝。

漢武桂宮有四寶：七寶床，雜寶案，雜寶屏，雜寶帳，謂之四寶宮。

西渠王獻玉箱、瑶杖各一件，後殉武帝。

元禎秋夕登黄鶴樓，遥見江湄有光若星，因得漁人釣鯉，剖之得二小鏡，大如錢，二面相合，背有雙龍隱起，鱗甲悉具。元薨，鏡亦亡去。

令狐綯有鐵筒，徑不及寸，長四寸。内取出一小卷，日中視之，乃九經并足，其紙即蠟蒲團，其文精妙莫述。又傾其中，有輕綃一匹，長四丈，稱之才及半兩，似非人世所造。貞陽觀有天降爐，自天而下，高三尺。下一盤，盤内出蓮花一枝，十二葉，每葉隱出十二屬。蓋上有一仙人，帶遠游冠，披紫霞衣，儀容端美，左手搘頤，右手垂膝，坐一小石。石上有花竹流水松檜之狀，雕刻奇古，非人所能，且多神異。南平王取去復歸，名曰瑞爐。

處士皇甫玄有一避塵針，以巾插針，可令一身無塵。針金色。試之者帶巾針躍馬塵中，人馬無染一點。

刺史沈攸之，厩中群馬驚嘶，令人伺之，見一白駒，以緑繩繫腹，直從外入，復去，直入内閣。檢内人，惟愛妾馮月華臂上一玉馬，以緑絲穿之，置枕邊，夜去曉還。試看之，足有泥污。

�浪於九田山見赤雞，鳴如笙竽。射之，入石縫中。鑿石，得一赤玉鳥。

唐玄宗有玉龍子，開元中旱，帝密投之龍池，俄而雲霧暴起，風雨驟作。

天寶初，安思順進五色玉帶。

李國輔有迎涼草，幹似苦竹，夏堂設之，風涼自至。有鳳首木，高一尺，而刻如鸞鳳，雖嚴冬之時，高堂大厦中，和煦如春。《十洲記》云：「二物皆火林國産也。」

德宗幸興廢官，於複壁間得軟玉鞭，屈之則首尾相就，舒之則徑直如繩。

陸大鈞從子妻夜寢，聞有啁啾鬥聲。既覺，枕下得二玉猪，大數寸，刻像妙甚。寶之枕中，財貨日增。

貞觀初，林邑獻火珠，狀如水晶。睿宗賜大安國寺水珠，如石一片，赤色，夜有微光。掘地一尺埋之，水溢可給千人。

漢宫積草池中有珊瑚，高一丈二尺，一本三柯，上有四百六十三條。

吴孫權掘地得白玉如意，所執處刻龍虎紋，長二尺七寸。

賀真如五寶、八寶。五之一曰玄黄天符，形如笏，長八寸，闊三寸，上圓下方，有孔，黄玉也，避人間兵疫邪厲。二曰玉雞，羽毛悉備，王者以孝治天下則現。三曰穀璧，白玉爲之，徑五寸，其文粟粒，王者得之五穀豐稔。四曰王母玉環，二枚，亦白玉也，徑六寸，好倍於常。五寶空中照光皆射日，不知所極。八寶之一曰如意寶珠，大如雞卵，明如滿月；二曰紅靺鞨，大如巨粟，爛若朱櫻，視之則碎，觸之則堅；三曰琅玕，其形如環，四分缺一；四曰玉印，大如半手，其文如鹿陷印中，著物形現；五曰采桑鈎，二枚，長五六寸，其細如箸，若金銀銅製；六曰雷公石，二枚，斧形，長四寸，如青玉。八寶置之日中，白氣燭天，暗室光明如月。以二鈎二石作四寶，故名八寶。五寶亦然。

魏河間王有赤玉巵、水晶鉢、瑪瑙碗。〔四〕

新羅國獻萬佛山，雕沉檀、珠玉以爲之，其大者盈寸，小者幾分。其佛首有如米如菽者，眉目口耳螺髻毫相悉具。辮金玉水精爲幡蓋流蘇，庵植薝蔔羅等樹，以百寶爲樓閣殿臺。其狀雖微，形勢飛動。前有行道僧數千，下有紫金鐘三寸，蒲牢銜之。擊鐘則行道僧禮拜至地，其中隱隱有聲，蓋鐘響處是關捩也。雖以萬佛名山，其數不可勝計。

海外貢重明枕，長一尺二寸，高六寸，潔白類水晶。中有樓臺形，有十道士持香執簡，循環無已。

劉曜〔五〕夜居，忽有二童子入，跪曰：管涔王〔六〕使小臣謁趙皇帝。獻劍一〔七〕口，置拜而去。以燭照之，劍長二尺，光澤異常，背有銘曰「神劍服御除衆毒」。曜服之，隨變五色。

范椎奴牧牛，澗中獲二鯉，化成鐵，用以爲刀，對大石嶂祝曰：「鯉魚變化，冶成雙刀，石嶂破者，爲有神靈。」砍之石裂。

秦嘉有盤龍鏡。韓壽香名爲辟惡生香。

劉表有酒器三：曰伯雅容七升、仲雅容六升、季雅容五升。雅，酒器也。

李適之有酒器九品：蓬萊盞、海川螺、舞仙杯、匏子巵、幔卷荷、金蕉葉、玉蟾兒、醉劉伶、東溟漾。蓬萊盞上有三山，注酒以山没爲限。舞仙杯有關捩，酒滿則仙人起舞，瑞香球子浮出盞外。

仙家有三寶：有碧瑶杯、紅甤枕、紫玉函。

劉守章贈洪厓先生揚雄鐵硯、四皓鹿角枕。卞敬家有無患枕。

舜作五明扇。石虎作莫難扇。又有象牙桃枝扇。子建九華扇。張融有道士贈以白羽麈尾扇。夏杲作雪香扇。

漢有翠羽扇、雲母扇、孔雀扇、九華扇、五明扇、回風扇。

陶貞白有雀尾爐。唐内庫有七寶研爐，至冬寒研凍，放上即化，不用火炭。

咸通，開昌公主下嫁，有金麥銀粟[八]内藏珍物、連珠帳、却寒帘、犀絲簟、牙席、䍐岔犀、如意白玉、九鸞釵、辟邪香。

韋侍御贈杜甫内人夜飛蟬。

武帝賜于闐青錢硯，遼西麟角筆，南越側理紙。唐賜宰相張文蔚龍鱗月硯、寶相枝筆也。

開元初，罽[九]賓國貢上清珠，光照一室，内有仙人玉女摇動；水旱兵革之灾，虔視無不克驗。

廉郊池上彈琴，荷池中躍跳方鐵一片，有知音擊之，名蕤賓鐵也。

安禄山獻明皇有玉魚龍[一〇]鳧雁。

楊貴妃製緑玉磬。佛樓國有青玉鉢盂，受三斗許，厚可二分。咸陽宫有青玉燈檠，高七尺。孫文臺有青玉鞍。魏王得一石，胡人識爲寶母。真臘國獻萬年蛤，夜光如月，積雪不化。偶得金牛。祥符中鑄金龜，賜近臣。穆王至崑崙，有銀燭。稽昌蓄采星盆，夏月漬果倍冷。蒲澤國獻蔽日帘，可以却暑。寶玩中有琉璃瓶、珊瑚玦、女珊瑚、青螺巵、五色文玉環、金博山爐、琥珀枕、瑪瑙彄、雲母屏、九龍臺燈、百枝燈、藍田磬、照夜璣、瑣子帳、紫玉笛，皆漢唐奇貨。

司空圖〔一一〕隱中條，以松枝爲筆，曰「幽人筆」。

房次律弟子金圖十二歲時，手持水玉數珠，光潔照人。

唐彦猷作紅絲硯，自號爲天下第一。

郭從義掘地，得緑玉四方小杵臼，四角有胡人坐頂，旁有篆文：「仙臺秘府小中臼。」元自誠有抵鵲盆，色類珉，夏月浸果，果水皆寒，冬月不凍。郭江洲有占景盤，以銅爲之，上出細管，插花，可留十餘日不敗。孫總監千金市緑玉一塊，嵯峨如山，命工治之，作博山爐，頂上暗出香烟，名「不二山」。白樂天詩云：「銀花不落從君勸。」不落，酒器。馮玉〔一二〕有水晶不落。漢隱帝有小摩尼數珠。馮夫人有葡萄鏡。杜光庭有驕龍杖，紅如猩血，重若玉石，似非竹木，傳爲仙人所遺。葛溪鐵工製剪，鑿字曰物也。

之物。又有銀㹠金狗之類，皆古賂夷人之物。若小銅猪狗牛羊等十二肖形，亦墓中

「二儀刀」，交股屈環，遇物如風。又有地中掘得金鹿銀麞，乃曹奴人獻天子於洋水

《西湖志》云：高宗幸張俊，其所進御物，有獅蠻樂仙帶、池面玉帶、玉鶻兔帶、玉璧環、花素玉高脚鍾子、玉枝梗瓜、玉瓜杯、玉東西杯、玉香鼎、玉盆、玉古劍璏二十七件，玉犀牛合、白玻璃元盤、玻璃花瓶、玻璃枕、瑪瑙物二十件，龍文鼎、商彝、高足彝、商文彝、周盤、周敦、周舉罍、獸耳周罍、汝窑酒瓶二對，有御寶畫、曹霸《五花驄》、馮瑾《霽烟長景》、易元吉寫生《花》、黄居寶《竹雀》、吴道子《天王》、張萱《叢竹》、邊鸞《萱草山鷓》、黄筌《鷓鴣萱草》、宗婦曹氏《蓼岸》、杜庭睦《明皇斫膾圖》，有趙昌《躑躅鵪鶉》、梅竹思《躑躅母雞》、杜霄《撲蝶》、巨然《嵐鎖翠峰》、徐熙《牡丹》、易元吉寫生《枇杷》、董源《夏山早行》、李煜《林泉渡水人物》、荆浩《山水》、吴元俞《紫氣星》，皆珍品也。

歐陽通善飾文房，其命藏硯石室曰「紫方館」，貝光曰「發光地菩薩」，研滴曰「金

小相」，鎮紙曰「小連城千鈞史」，界尺曰「由準氏」，筆曰「畦宗郎君」，槽曰「半身龍」，裁刀曰「治書奴」。

寶晋齋有天成硯山、玉蟾蜍，皆希世奇珍。

古有神物，如禹鼎知興廢。《瑞應圖》寶鼎，不爨自沸，不炊自熱，不汲自滿，不舉自藏。吴明國貢常燃鼎。虢州鐵鑊，大數圍。丁諼作九層博山爐，上鑄禽獸自動。勃海貢瑪瑙櫃，長三尺。南昌國貢大玳瑁盆，容十斛。又貢紫磁盆，可容五斗，舉之輕若鴻毛。中朝有銅澡盆，夜有人扣，與長樂鐘聲相應。漢武帝賜櫻桃以赤瑛盤，與桃一色。周益公有鶴飛盞，注酒則鶴飛，乾則就滅。唐青玉枕，冬暖夏涼，醉者睡之即醒，夢者游仙。孫太醫玉羅漢屏，種種飛動。漢宣帝有玉八角升，西夷之貢，水澆無暑，火逼無寒。唐有十二時盤，用之隨時轉换物象，子鼠换丑牛之類。天帝流光爵，置之日中，則光氣燭天。南海有蝦頭杯。陳思王有鵲尾杓，欲勸者呼之，即指其人。王肅造銅鼠丸，晝夜自轉。南中有風狸杖，用指禽獸自斃，取食，隨指如意。含洭縣東岸有聖鼓杖，舟中有之，波浪不敢衝激。徐鳳縮節杖，如筆管，二十年每年生一節，後每年減一節。郭休有夜明杖，朱色，夜杖有光。柳真齡寶一鐵拄杖，宛轉天成，行則微響。明皇有虹蜺屏，賜貴妃，上刻美人，夜能下屏歌舞。馬弋山有紫茭席，冬温夏涼。秦始皇驅山鐸，擊之，聲如霹靂。内庫有青酒杯，紋亂如絲，其薄如紙，以酒注，温然有暖氣，少如沸湯，名「自暖杯」。龜兹國進一枕如瑪瑙，枕之則十洲三島、四海五湖盡入夢中，名「游仙枕」。虢國夫人有夜明枕，光照一室，無事燈燭。田父得照室玉。王莽有滅瘢玉，取玉錘碎，塗瘢即滅。唐順宗時，西域進龍虎玉，一方爲虎，置之山岩，百獸懾伏；一圓爲龍，置之水中，浪捲虹蜺。扶餘國有火玉，色赤，可以燃鼎。堯時於河洛中得方尺玉板，上圖天地之形，得金璧之瑞，文字記造化之始。禹游龍門，神授玉簡，游東海，得碧色玉圭，楚州獻玉印。伯顔至于闐國，鑿井得玉佛，高四尺，照之，筋骨脉絡俱見。魏武后有二〔一三〕玉鉢，相盛，轉而不脱，爲西域鬼作。唐肅宗賜李輔國香玉辟邪，形高一尺五寸，奇巧無比，香聞數里，入衣經年不滅。唐度宗朝有十二玉棋子，以按十二時字置水中，逐時浮出不爽。蘇威有應日鏡，日蝕幾分，則鏡面昏處如之。唐有瑞英帘，人在帘内影之，則遍身有光，艷異奪目。

韓王元嘉有銅鶴樽，酒滿其腹則正立，酒淺則傾覆。長安殿角上有銅雀，能鳴。沈傳師得玉馬，能嘶。楊光欣有玉龍，腹中貯水，口瀉有笙簧聲。楚漁得禹支祁鎖。唐翰林院有索鈴，河北用兵，鈴動，索鈴自鳴。周世宗應氣瓦二十四片，應氣敲之，竇儀辨之不訛。長陵有銅駝生毛，毛上生花。郫縣有銅馬，能嘶。長州倅廳有銅龜，背上應時現文。李子長造木囚置葦上，理囚獄，不差則木囚伏，否則木囚奮起。周穆王有火齊鏡。靈王時有月鏡，其白如月。漢高祖有表裏鏡，可見五内。舞溪石窟有方鏡，始皇號爲「照骨鏡」。荀諷有鐵鏡。隋王度有照疾鏡，疫病照之即癒。張敞得一鏡，照之終身無病，名「無疾鏡」。黄巢三方鏡，能見三方。唐秦淮鏡，照人五臟。天寶時有水心鏡，七歲大旱，鏡中龍口吐烟即雨。唐有夷則鏡，得之井中，燧銅鏡，向日則火生，以艾就之則燃。任中宣有飛精鏡，後爲神人持去。王宗壽有鐵鏡不明，一日發光，因見市一青衣小兒欣然來，因[一四]曰：「鐵鏡神物，當還。」竟持去。王幼臨造方丈鏡，照見人馬。有百里鏡，可照百里，即獻吕蒙正鏡也。秦寧縣耕夫得鏡，照之，病熱者心骨生寒，故名「生寒鏡」。世有透光鏡，以鏡承日光，則鏡銘二十字壁上了了分明。知來鏡，照之，則見前途吉凶。譙亳有鏡，以手循之，中心錚然有聲，名曰「響鏡」。史良姊有寶鏡，能見妖魅。有道士持魘魅鏡，狐狸草木爲祟，照之即見本形。如劍，若顓頊騰空劍，指兵則勝，匣中常鳴；楚王太阿劍，一揮則三軍流血；漢高祖赤霄劍；後主鎮山劍；宋青春有青龍劍；唐德宗有火精劍，夜有光明；朱善存家有芝烟劍，太平則芝生；胡讖破山劍；錢塘聞人紹有靈寶劍。

以上種種，皆宇宙間神奇秘寶，終爲造化收拾，安得流落塵世？雖曰兵火變遷，恐亦於此無恙。古云「玩物喪志」，此非喪志物也，用録以廣聞見。

圖畫神異，若漢劉褒《北風圖》，見者皆寒；《雲漢圖》，見者皆熱。唐寧[一五]王善畫《六馬滚塵圖》，後竟失去。唐有《龍水圖》，將練爲服，釜中二龍飛去。周益公畫《岳州圖》，譙樓時時換牌。趙顔得畫女障，能下障與顔爲妻生子。韋叔文畫馬未色，岳神索之，改名而第。趙澮畫《兒啼圖》，僧夜聞兒哭，詰澮，以筆作乳，點入兒口遂止。馮紹正畫龍未終，見白氣就廡檐出，入池中，雷雨大作。廉廣畫《二鬼兵圖》，一夕風雨，鬼兵交戰。張僧繇畫佛，夜間發光。信州畫羅漢，能飛動。王元俊畫扇壁上，客至遂携去。曹不興畫屏，污墨點，即添作蠅，孫權視爲真蠅，用手拂去。鎮江興國寺苦鴿宿糞污佛，張僧繇於兩壁畫鷹鷂，鴿再勿入。雲光寺有七鴿圖於西壁，未完其一，云爲飛去。長興成山寺壁畫猿鶴，長能飛走。顧光寶畫獅絶瘧，獅口有血淋漓。何尊師畫猫則鼠潛避。石恪畫飛鼠張之，則鼠不入室。楊子華畫馬，夜有蹄嚙嘶聲。韓幹畫馬，神人來索。唐吴道子惡僧，畫驢壁間，一夜僧房家具踏破無留；吴畫《五龍圖》，天欲大雨，即生烟霧。張藻一手雙筆，畫二木枝，一枯一榮。賈秋壑遇一道人畫蓮，風來則蓮葉摇動。此皆神妙莫測，不可曉也。要皆古人元氣所鍾，以侔造化。

清賞諸論

論古銅色

高子曰：曹明仲《格古論》云，銅器入土千年者，色純青如翠；入水千年者，則色緑如瓜皮，皆瑩潤如玉；未及千年，雖有青緑而不瑩潤。此舉大概，未盡然也。若三代之物，迄今何止千年，豈盡瑩潤而青緑各純者也？若云入土則青，入水則緑，其水銀色并褐色黑漆古者，此又埋於何地者也？凡三代之器，入土年遠，近山岡者多青，山氣濕，蒸鬱而成青；近河源者多緑，水氣滷，浸潤而成緑。余見一物，乃三代款識，半身水浸，年遠，水痕涸溢數層，此爲入水無疑，而色乃純青；其著水潭底方寸，少黄緑色，則水土之説，豈盡然哉？余思鑄時，銅質清瑩不雜者多發青；質之渾雜者多發緑。譬之白金，成色足者，作器純白，久乃發黑；不足色者，久則發紅發緑。此論質不論製，理可推矣。

他如古墓中近尸者作水銀色，然水銀色亦分二種，有銀色，有鉛色，惟鏡居多。古者尸以水銀爲殮，彼世死者以鏡相遺，殮者即以鏡殉，取照幽冥之義。故銅質清瑩者，先得水銀沾染，年久入骨，滿背成銀，千古亮白，謂之銀背。其有先受血水穢污，始受水銀浸入，其銅質原雜，則色如鉛，年遠色滯，謂之鉛背。其有半水銀，半青緑，朱砂堆者，先受血肉穢腐其半，日久釀成青緑；其半净者，乃染水銀，故一鏡之背，二色間雜也。今之鏡以銀背爲上，鉛背次之，青緑又次之。又若鉛背埋土年遠，遂變純黑，謂之黑漆背。此價又高，而此色甚易爲假。至有古銅鼎鬲尊彝，亦有水銀色者，何也？此在墓中得水銀散漫之氣，沾染而成，故惟一角、一耳、一傍有之。或地近生水銀處，亦成此色。所以鼎彝無全身水銀色者，而鐘磬則萬無一二也。

上古銅器，以質厚爲佳，年既久遠，土銹侵骨，質已鬆脆，厚者尚有受用，薄者若少擊搏，不破即裂。又如無青緑而純紫褐色者，曹明仲以爲人間流傳之色非也。三代之物，因入土沉埋，後人方得集以傳世。若云三代流傳到今，方有此色，何能在世數千年，不爲兵燹銷爍，破損沉淪者耶？此等器皿，出自高阜古冢，磚宮石室，燥地秘藏，又無水土侵剥，又無尸氣染惹，列之石案間，惟地氣蒸潤，且原製精美光瑩，變爲褐色，純一不雜。故鼎彝居多，而小物并秦漢物，褐色絶少。近見褐色上有青緑點子，乃出土之後，人以鹹酸之味侵染乃爾，非透骨緑色。故褐色上有雲頭片、芝麻點、硃砂斑，并緑翠雨雪點者，此爲傳世物也，非傳世上三五千年，始成褐色。故古銅以褐色爲上，水銀、黑漆鼎彝爲次，青緑者又次之也。若得淳青緑，一色不雜，瑩若水磨，光彩射目者，又在褐色之上。宣廟喜仿褐色，故宣銅此色爲多。凡銅器出自三代，不惟青緑瑩潤，其質其製，其花紋款識，非後人可能仿佛，自不容僞。若明仲云必三代之物，方有硃砂斑，此大誤矣。宋元之物，亦有大片硃斑，若魚子者更多，蓋受人血氣侵染，便成硃斑。亦有二三層堆疊者，刀刮摩擦不可泯也，豈盡三代物哉？不可不考。

新舊銅器辨正

三代之器，鐘鼎居多，且大容升斗。雖有商質周文之説，然質者未嘗不文，文者未嘗不質。其質者，製度尚象，款識規模，鑄法工巧，何文如之？其文者，雕篆雖細，文理不繁，瑱嵌雖工，而矩度混厚，質亦在也。夏嵌用金銀細嵌，雲雷紋片，用玉與碧瑱剜嵌美甚。曹云商無嵌法，非也。商亦有之，惟多金銀片，而少雲雷絲嵌細法。今之巧匠，僞造夏商瑱嵌者，以金銀之色，古今所同，可以僞爲。而玉與碧瑱碾法、土銹似不容假。近乃搜索古冢遺棄環、珮、充珥、瑱、珈、琫、珌等物，裁爲方圓規製，以嵌彝鼎，令人眼生。雖識者，必曰：「此古琢玉石，豈非三代物哉？」每得高值。孰知古嵌一物，周身無一處完整，非剥落即爲青緑銹結遮掩，或隱或露之妙，古雅出自天然。若今嵌，必鑿完全片段，或嵌或遺，狀土剥落，方以法蠟遮飾，何待目力？入手可辨。

唐天寶時，有局鑄花紋，細密可愛，全尚華藻，於三代之製，或改爲錦地，或改夔龍爲螭，或改雷紋爲方勝，或易篆款爲隸書、真書，於上古淳樸之意大左；更恨質薄，取便一時，無意千古。近有青緑硃砂堆積瓶壺器皿，内有水銹爛孔，或鋤擊蔑裂，後人收拾，以藥補綴，持誘市值。此皆唐時局鑄物也，原非僞造。古鑄工匠精細，撥蠟清楚，紋内地子光滑，即轉角方圓深竅，有如刀鎚雕刻，花地爽朗，周身如一，并無砂眼欠缺、分地不匀之病。

夫款爲製度規式，識爲紀功銘篆，故三代鐘鼎，陰識字有百十之多。即薛尚功刻鐘鼎篆二十卷，其篆文可考。若漢唐以下，即陽識矣，而銘亦不古；間有陰識，亦非鐘鼎古文篆法。蓋陽識刻印印蠟，爲之甚易；陰識以蠟剔起字畫，翻砂成陰，爲之甚難，少有不到，字畫泯滅，其精神摩弄，後迴不及。故秦漢之物不及三代，唐宋之物不及秦漢也。然秦漢不及三代，唐宋不及秦漢者，非人力不到，而質料不精。但秦漢之匠拙，而不善模三代之精工；唐宋之匠巧，而欲變三代之程式：所謂世代不及，傷拙傷巧故也。孰知愈巧愈拙，愈工愈失，敦樸古雅，三代之不可及也。反謂己能勝之，改式改紋，務尚形似，所謂醜婦效顰，愈逞醜態耳。近有真正民間之器，無功可紀，原無識文，今以刀刻鐘鼎相似篆文，磨熟刀痕，加以藥飾，反失真趣。賞鑒家入手即洞識矣，可弄愚者。

我朝宣廟銅器，甚有精者，製度亦雅，摩弄極工。然多小物，如百折彝爐，乳爐，雨雪點金片貼鑄戟耳彝爐，石榴足者更佳；赤金霞片小元鼎爐，象頭鬲爐，五供養細腰橐盤，鎏金雙螭箸架，香合匙瓶，蟠螭鎮紙種種，精甚。大如鼎爐，角端獸爐，方耳壺，商從尊，精美可愛，模式古雅，惜不多見。其底識文，用匾方印子，陽鑄「大明宣德年製」，真書，字畫完整，印地光滑，蠟色可愛。他如判官耳雞腿脚匾爐，翻環六棱面鑄鎏金番字花瓶，四方直脚爐，翻環元瓶，蓋鑿錢文漏空桶爐，皆下品也。宣鑄多用蠟茶、鎏金二色。蠟茶以水銀浸擦入肉，薰洗爲之。鎏金以金鑠爲泥，數四塗抹，火炙成赤，所費不貲，豈民間可能仿佛？但宣銅花紋者甚少。余在京師，僅見一二商鼎式者，腰花佳甚。後此景泰、成化年間亦有此色彝爐，用兩獅頭爲耳，復用赤金厚片作雲鳥形貼鑄，其底識無印文，惟用藥燒「景泰年製」等字，隱隱在内。初玩不辨，較之宣廟，迥不及矣。

新鑄僞造

近日山東、陝西、河南、金陵等處，僞造鼎彝壺觚尊瓶之類，式皆法古，分寸不遺，而花紋款識，悉從古器上翻砂，亦不甚差，但以古器相形，則迥然別矣。雖云摩弄取滑，而入手自粗；雖妝點美觀，而氣質自惡。其僞製法：鑄出，剔摩光净，或以刀刻紋理，缺處方用井花水調泥礬，浸一伏時，取起烘熱，再浸再烘，三度爲止，名「作脚色」。候乾，以磠砂、膽礬、寒水石、硼砂、金絲礬各爲末，以青鹽水化，净筆蘸刷三兩度，候一二日洗去，乾又洗之。全在調停顔色、水洗功夫，須三五度方定。次掘一地坑，以炭火燒紅令遍，將嚴醋潑下坑中，放銅器入内，仍以醋糟罨之，加土覆實，窖藏三日取看，即生各色古斑，用蠟擦之。要色深者，用竹葉燒烟薰之。其點綴顔色，有寒煴二法，均用明乳香，令人口嚼澀味去盡，方配白蠟鎔和。其色青，以石青投入蠟内。緑用四支緑，紅用硃砂。煴用蠟多，寒則乳蠟相半。以此調成，作點綴凸起顔色，其堆疊用滷銹針砂。其水銀色以水銀砂錫塗抹鼎彝邊角上，以法蠟顔色罩蓋，隱露些少，以愚隸家。用手揩摩，則香腥觸鼻，洗不可脱。或做成，入滷鹹地内埋藏一二年者，似有古意。

又若三代秦漢時物，或落一足，或墮一耳，或傷器體，一孔一缺者，此非僞造。近能作冷沖、熱沖、冷銲、燈銲等〔一六〕法，古色不變。惟熱沖者色較他處少黑。若用鉛補并冷銲者，悉以法蠟填飾器内，以山黄泥調稠遮掩，作出土狀態。此實古器，惟少周全，較之僞物遠甚。又等屑凑舊器破敗者，件件皆古，惟做手乃新，謂之「改鍬」。余在京師，見有二物，一子父鼎，小而可用，花紋製度，人莫不愛。其僞法，以古壺蓋作肚，屑凑古墓碎器飛龍脚銲上，以舊鼎耳作耳，造成一爐，非真正物也。一方亞虎父鼎，内外水銀，無一痕紋片，初議價值百金，製在五寸，適用可玩，人争售之。余玩再三，識其因古水銀方鏡破碎，截爲方片，四面冷銲，屑凑古爐耳脚製成，工巧可謂精絶。余一識破，衆以爲然，後竟不知何去。若此做手，技妙入神。

元時杭城姜娘子、平江王吉二家鑄法，名擅當時。其撥蠟亦精，其煉銅亦净，細巧錦地花紋，亦可入目。或作鎏金，或就本色，傳之迄今，色如蠟茶，亦爲黑色，人多喜之。因其製務法古，式樣可觀。但花紋細小，方勝、龜紋、回紋居多。平江王家鑄法亦可，煉銅瑩净，撥蠟精細，但製度不佳，遠不如姜。

近日淮安鑄法古鎏金器皿，有小鼎爐、香鴨等物，做舊頗通，人不易識。入手膩滑，摩弄之功，亦非時日計也。外此有大香猊、香鶴、銅人、燭臺、香球、酒爐、投壺、百斤獸蓋香爐、花瓶、火盆等物。此可補古所無，亦爲我朝鑄造名地。

論宣銅倭銅爐瓶器皿

古無銅小香爐，即《博古圖》爲帝王收藏，僅有一二遺式。後有小鼎爐、獸爐、博山爐，高二寸許者，不知漢唐人何用，想亦墓中物也。亦有中樣鼎爐、獸面脚桶爐，止可清供，不堪焚香手玩。近有潘銅打爐，名假倭爐。此匠幼爲浙人，被虜入倭，性最巧滑，習倭之技，在彼十年。其鑿嵌金銀倭花樣式，的傳倭製。後以倭敗還省，在余家數年，打造如倭尺，内藏十件文具，折疊剪刀，古人未有。其銅合子、途利筒、彝爐、花瓶，無一不妙，此真倭物也。故其初出價高，煉銅鎏金，鑿嵌金銀，花巧精妙，與倭無二。若近日吴歙之製，較潘似勝，但製度花巧，與古人彝鼎之義，殊無取法。又如以黄銅去腥，假名鈎金，打造方圓鼎爐、彝爐，花紋以《博古圖》爲式，外抹金葉。此等置之何地？惟可作神佛供也。初年，潘銅似不可得，有則寶之，後世必有好尚之者。

外如倭人鑿銅細眼罩蓋薰爐亦美。更有鎏金香盤，口面四傍坐以四獸，上用鑿花透空罩蓋，用燒印香，雅有幽致。又若酒銚、水罐、吸水小銅中丞、抹金銅提、盔鎧、腰刀、槍劍、五供養蓮花架、紫銅湯壺、小鈸、小塔、罐罩合、檳榔合、石灰罐、刮銹銅刞、海螺鼻銅鏡、銅鼓、供獻盤槖碟子、鑿花金錢、散花銀錢、鑿銀細花卷段、鑿金大小戒指，上嵌奇石，種種精妙，不能悉數。無地不有機巧，信哉！

近日吳中僞造細腰小觚、敞口大觚、方圓大尊、花素短觶、雨雪金點戟耳彝爐、細嵌金銀碧瑱鼎爐、香奩、犧尊、團螭鎮紙、細嵌天鹿辟邪象罐、水銀青緑古鏡、二寸高小漢壺、方瓶、鎏金觀音彌勒，種種色樣，規式可觀，自多雅致。若出自徐守素者，精緻無讓，價與古值相半。其質料之精，摩弄之密，功夫所到，繼以歲月，亦非常品忽忽成者。置之高齋，可足清賞。不得於古，具此亦可以想見上古風神，孰云不足取也？此與惡品非同日語者，鑒家當共賞之。

論古銅器具取用

上古銅物存於今日，聊以適用數者論之。鼎者，古之食器也，故有五鼎三鼎之供。今用爲焚香具者，以今不用鼎供耳。然鼎之大小有兩用，大者陳於廳堂，小者置之齋室。方者以飛龍脚文王鼎爲上賞；獸吞直脚亞虎父鼎，商召父鼎，周花足鼎，光素者如南宫鼎爲次賞；若周象簠鼎，腹肚而膀脚肖雞腿，又如百乳鼎者，皆下品也。方之小者，有周王伯鼎，單從鼎，周豐鼎。又若方四五寸許青緑或鎏金小方鼎，式法文王王伯鼎製者，可宜書室薰燎，皆唐之局鑄、元姜娘子鑄也，紋片精美，製度可觀。

其圓鼎三獸面者，如商父乙鼎、父己鼎、父癸鼎、若癸鼎；圓腹者，若商子鼎、秉仲鼎、象形饕餮鼎、立戈季妘鼎；光素者，如商魚鼎、周益鼎、素腹鼎；口下微束者，若商乙毛鼎、蟬紋鼎、父甲鼎、公非鼎；敞口者，如飛龍脚子父鼎，皆可入上賞。圓之小者，如周大叔鼎、垂花鼎、周緣鼎、唐三螭鼎，俱堪入清供，但式少大雅耳。他如瓜腹、雞腿、方耳、環耳、敞口鼎爐，俱不堪玩，爲下品也。

彝爐式如周虓彝、父辛彝、商虎首彝、百折彝，方者如己酉彝，奇者如百乳彝，皆堪爲堂上焚具。他如彝、敦、鬲、爐等件雖古，不堪清供。如得商母乙鬲、周蔑敖鬲、饕餮鬲、周師望敦、兕敦、翼敦，亦可充堂中几筵之供。以上式載《博古圖》中，可以按圖索視。

卮者，古酒器也。義取上窮而危，知節則無危矣，寓戒之之意。其製如盂，雙耳外乘，又如腰腹翼耳，俗云「人面杯者」是也。杯，亦古酒器也，以牛首爲製，加以籠絡，亦戒貪逸之意。《詩》云「酌彼兕觥」，以牛角爲之。製以此耳。今之杯製不一，而獨無此式。

匜者，矯口坦腹，一靶捏手，或三足，或圓足，如鴨形者是也，古人以爲盥洗注水之具。今俗以卮爲匜，以匜爲卮，名金銀酒器者，誤矣。盤、洗二器，盤深而洗淺。盤用以承棄水，内有銘篆者，有招耳上沖者，有盤内種種海獸者。或用三蹲螭爲足，或雷紋圓足者，又名彝盤，俗指爲歃血盤，非也。今可用作香櫞盤。其洗用以盥手，故紋用雙魚，用菱花。有三乳足者，有圓足者，傍有獸面翻環者。今用以注水，爲几筵主賓酬酢滌器，似得古人遺意。又有似洗而雙靶作掇手者，名杅，亦可作洗用。

觚、尊、觶，皆酒器也，三器俱可插花。觚、尊口敞，插花散漫，不佳。須打錫套管入内，收口作一小孔，以管束花枝，不令斜倒。又可注滾水插牡丹、芙蓉等花，非此花不可久。古之壺瓶，用以注酒。觀《詩》曰「清酒百壺」，又曰「瓶之罄矣」。若古素温壺，口如蒜榔式者，俗云蒜蒲瓶，乃古壺也；極便注滾水，插牡丹、芍藥之類，塞口最緊，惟質厚者爲佳。他如粟紋四環壺、方壺、匾壺、弓耳壺，俱宜書室插花。以花之多寡，合宜此五器分置。若周之蟠螭瓶、螭首瓶，俗云觀音瓶者，今之酒壺，全用此式。

更變漢之麟瓶，形若瓠子稍彎，背有提靶。此瓶也，俗例爲瓠子壺類，誤矣。另有瓠壺，取《詩》云「酌之以匏」之義。今以此瓶注水，灌溉花草，雅稱書室育蒲養蘭之具。周有蟠虬瓿、魚瓿、罌瓶，與上蟠螭、螭首二瓶，俱可爲多花之用。

又若今之杖頭用鳩，老人多咽，鳩能治咽之義。故三代有鳩鳥杖頭，周身金銀填嵌。又見有飛鳩杖頭，周身鎏金，用以作棕竹杖飾，妙甚。若漢之蟠龍、蟠螭杖頭，形若瓜槌，此便不如三代之雅。若漢之編鐘，小而有韻者，頗宜書齋清響，但得宫商二音爲最。古之布錢，有金嵌字者，可作界畫軸用。小樣提卣，可作糊斗。如伯盞類盤、季姜盂、兩耳杯，製小，可作硯傍筆洗。

鏡爲人所必用，若秦陀光背，質厚無紋，極有受用。次如銀背海獸、蒲桃荔枝、五岳圖形、十二生肖、寶花雲龍、十二符、四靈三瑞、三神八衛、六花浮水、七乳四乳、十六花、蟠螭龍鳳雉馬等背俱妙。須用清瑩如水，分毫不雜，俗謂面無打攪，輪轉周圓，形影不改爲貴。又有如錢小鏡，光背花背，面無瘢痕。更有滿背嵌金嵌銀片子鐵花小鏡，極可人意，價亦高貴，似不易得。攜具用之，山游寺宿，亦不可少。鑒賞以大徑尺外圓鏡，并三寸以上至如錢小鏡爲上格；其他五七寸者次之；菱花八角方鏡，悉不取也。軒轅球鏡，可作卧榻前懸挂，未必遠邪，聊取意耳。

古銅腰束縧鈎甚多，有盈尺長者，其製不一，有金銀碧瑱嵌者，有片金商者，有等用獸面爲肚者，皆三代物也。他如羊頭鈎、螳螂捕蟬鈎，鏒金者皆秦漢物也。無可用處，書室中以之懸壁、挂畫、挂劍、挂塵拂等用，甚雅。若雁足燈、鳳龜燈、有柄行燈，用以秉燭；駝燈、羊燈、犀燈，用以燃油。此皆文具一器。又如盈尺淺盤，有三足者，製極精雅，乃古之承盞盤也。盞如圓盂，有耳環掇手，此漢物也。古彝皆有舟，舟即今之承盞盤也。往往有此，且紋色甚佳，今用爲香櫞橐具，别無取用。每有蝦蟆蹲螭，其製甚精，古人何用？今以鎮紙。又有大銅伏虎，長可七八寸，重有三二斤者，亦漢物也。此皆殉葬之器，今以壓書。余得一研爐，長可一尺二寸，闊七寸，左稍低，鑄方孔透火炙硯，中一寸許稍下，用以暖墨擱筆；右方置一茶壺，可茶可酒，以供長夜客談。其銘曰：「蘊離火於坤德兮，回陽春於堅冰；釋洶泓於凍凌兮，沐清泚於管城。」是以三冬之業，不可一日無此於燈檠間也。凡此數者，豈皆吾人所不當急，而爲玩物例哉？書齋清賞，藉此悦心，當與同調鑒家品藻。

論漢唐銅章

古之銅章，後先出土者，何止千萬？即顧氏《印藪》，猶云未備。余先三入燕市，收有千方，十年之值，高下迥異。向無官私之别，今則分王侯伯長爲官印，而價值倍於往時；以姓氏爲私印，價則較常亦倍矣。官私之内，又多珍尚，有玉，有金，有銀，有瑪瑙、琥珀、寶石，有磁燒，官、哥、青東三窑爲多。凡此印章，面用斗紐，間有以鹿爲鈕，以瓦爲紐者。其銅章之鈕，以龜，以螭，以辟邪，以駝，以鳧，以虎，以壇，以兔，以瓦，以魚，以錢，以覆斗，以環，以四連環，以亭，以鼻，以異獸，以鹿，以羊，以馬，以狻猊，以豸。鈕用鏐金、塗金、細錯金、銀商金。而製度之妙，有如一方，六面皆文，子母一套：母則鈕鑄母獸；子則子獸。套成，如母抱子，内中或三方有文。余得一印，子母二套，三印俱文，此又官私之中值之最上者也，亦不多得。其鐫玉之法，用力精到，篆文筆意，不爽絲髮，此必昆吾刀刻也。即漢人雙鈎碾玉之法，亦非後人可擬。

故玉章、寶章更爲鑒家珍重。

古人印文，姓氏之外，字及小字即乳諱也，别無閑散道號、家世名位、引用成語，惟臣某印。漢之君臣關防奏啟，扣以小印。又如「封」之一字，古亦無之，後人創始，古之白記即封字意也。曾見一印文曰：「某氏私記，宜身致前，迫事無閑，願君自發，封完印信。」此唐宋印也，漢人無此等語。即單字，象形禽鳥、龍虎、雙螭、芝草，圓印有之。「子孫永寶」、「宜爾子孫」、「子孫世昌」等印爲閑文矣。漢之官印，似有印箱佩帶。余得一銅箱，高寸八分，方寸五分，製若今之官印匣同，前後鑄有合扇、鎖鈕事件，傍有鼻耳，可貫繩索携佩，箱外青緑瑩然，内藏子母印章一套，此亦小銅器中一奇物也。

近日關中、洛下利徒翻鑄假印，夥入真正，以愚收藏。若軍司馬王任日利，不一而足，且不易辨。今之刻擬漢章者，以漢篆刀筆自負。至有好奇，刻損邊傍，殘缺字畫，謂有古意，可發大噱。即《印藪》六秩，内無十數傷損印文，即有傷痕，乃入土久遠，水銹剥蝕，或貫泥沙，剔洗損傷，非古文有此。欲求古意，何不法古篆法刀法，而乃法其後人損傷形似？此又近日所當辨正。若諸名家，自無此等。

又如青田石中有燈光石，瑩潔如玉，照之真若燈輝，近更難得，價亦踊貴。內有點污者不佳。外此有白石，有紅黄青黑等石，又有黑白間色，紅黄間色，温潤堅細，可作圖書。舊人喜刻此石爲鈕。若鬼功球鈕，余曾見有自外及內，大小以漸滚動，總十二層，至中小球如緑豆止，不知何法刻成，真鬼功也。吾杭舊有刻鈕稱最者，惟岑東雲、沈葤湖二人，極工雕模。岑更善於連環，三五層疊，并奇異錦紋套挽等鈕，其刻文亦高於沈，而沈之刻文不足取也。後有效者，甚乏古雅意趣。此亦印章中一善技也，故并録之。若閩中牙刻人馬爲鈕者，是爲印章疽毒，雖工何爲？

刻玉章法

王心魯云，刻玉之法，别無藥物烘炙詭異，并引用陶隱居蟾酥昆吾刀説：「余之所受，惟用真菊花鋼，煆而爲刀，闊五分，厚三分，刀口平磨，取其平尖鋒頭爲用。將新舊玉章篆文，以木製架鈐定，用刀隨文鐫之，一刀勿入，再鍥一刀，多則三鍥，玉屑起矣。但勿可以力勝，勝則滑而難刻。運刀以腕，更置礪石於旁，時時磨刀，使鋒鋩堅利，無不勝也。」余見心魯刻玉，精妙儼若漢章。且此君仿《季直表》，細書并篆文亦佳，故具載之。

論官哥窑器

高子曰：論窑器必曰柴、汝、官、哥。然柴則余未之見，且論製不一，有云「青如天，明如鏡，薄如紙，聲如磬」，是薄磁也；而曹明仲則曰：「柴窑足多黄土。」何相懸也？汝窑，余常見之，其色卵白，汁水瑩厚如堆脂然，汁中棕眼，隱若蟹爪，底有芝麻花細小掙釘。余藏一蒲蘆大壺，圓底，光若僧首，圓處密排細小掙釘數十，上如吹塤收起，嘴若筆帽，僅二寸，直槊向天，壺口徑四寸許，上加罩蓋，腹大徑尺，製亦奇矣。又見碟子大小數枚，圓淺瓮腹，磬口泑足，底有細釘。以官窑較之，質製滋潤。官窑品格，大率與哥窑相同，色取粉青爲上，淡白次之，油灰色，色之下也；紋取冰裂、鱔血爲上，梅花片、墨紋次之，細碎紋，紋之下也。

論製，如商庚鼎、純素鼎、葱管空足沖耳乳爐、商貫耳弓壺、大獸面花紋周貫耳壺、漢耳環壺、父己尊、祖丁尊，皆法古圖式，進呈物也。俗人凡見兩耳壺式，不論式之美惡，咸指曰「茄袋瓶也」。孰知有等短矮肥腹無矩度者，似亦俗惡。若上五製，與敔姬壺様，深得古人銅鑄體式，當爲官窑第一妙品，豈可概以茄袋言之？

又如葱管脚鼎爐、環耳汝爐、小竹節雲板脚爐、沖耳牛奶足小爐、戟耳彝爐、盤口束腰桶肚大瓶、子一觚、立戈觚、周之小環觚、素觚、紙槌瓶、膽瓶、雙耳匙箸瓶、筆筒、筆格、元葵筆洗、桶様大洗、瓮肚盂鉢、二種水中丞、二色雙桃水注、立瓜、卧瓜、卧茄水注、扁淺磬口槖盤、方印色池、四入角委角印色池、有紋圖書戟耳彝爐、小方蓍草瓶、小製漢壺、竹節段壁瓶，凡此皆官、哥之上乘品也。

桶爐、六棱瓶、盤口紙槌瓶、大蓍草瓶、鼓爐、菱花壁瓶、多嘴花罐、肥腹漢壺、大碗、中碗、茶盞、茶托、茶洗、提包茶壺、六棱酒壺、瓜壺、蓮子壺、方圓八角酒甃、酒杯、各製勸杯、大小圓碟、河西碟、荷葉盤淺碟、桶子箍碟、絛環水池、中大酒海、方圓花盆、菖蒲盆底、龜背絛環六角長盆、觀音彌勒洞賓神像、雞頭罐、楂斗、圓硯、箸搠、二色文篆隸書象棋子、齊箸小碟、螭虎鎮紙，凡此皆二窑之中乘品也。

又若大雙耳高瓶、徑尺大盤、夾底骰盆、大撞梅花瓣春勝合、棋子罐、大扁獸耳彝敦、鳥食罐、編籠小花瓶、大小平口藥壇、眼藥各製小罐、肥皂罐、中果盒子、蟋蟀盆内中事件、佛前供水碗、束腰六脚小架、各色酒案盤碟，凡此皆二窑之下乘品也。要知古人用意，無所不到，此余概論如是。其二窑燒造種種，未易悉舉，例此可見。

所謂官者，燒於宋修内司中，爲官家造也。窑在杭之鳳凰山下，其土紫，故足色若鐵，時云「紫口鐵足」。紫口乃器口上仰，泑水流下，比周身較淺，故口微露紫痕。此何足貴？惟尚鐵足，以他處之土咸不及此。哥窑燒於私家，取土俱在此地。官窑質之隱紋如蟹爪；哥窑質之隱紋如魚子，但汁料不如官料佳耳。二窑燒出器皿，時有窑變，狀類蝴蝶禽魚麟豹等象，布於本色，泑外變色，或黄黑，或紅緑，形肖可愛。是皆火之文明幻化，否則理不可曉，似更難得。後有董窑、烏泥窑，俱法官窑，質粗不潤，而泑水燥暴，溷入哥窑，今亦傳世。後若元末新燒，宛不及此。

近年諸窑美者，亦有可取，惟紫骨與粉青色不相似耳。若今新燒，去諸窑遠甚。

亦有粉青色者，乾燥無華，即光潤者，變爲緑色，且索大價愚人。更有一種復燒，取舊官、哥磁器，如爐欠足耳，瓶損口棱者，以舊補舊，加以泑藥，裹以泥合，入窑一火燒成，如舊制無異。但補處色渾而本質乾燥，不甚精采，得此更勝新燒。奈何二窑如葱脚鼎爐，在海内僅存一二；乳爐、花觚，存計十數；彝爐或以百計，四品爲鑒家至寶。無怪價之忘值，日就增重，後此又不知凋謝如何。故余每得一睹，心目爽朗，神魂爲之飛動，頓令腹飽。豈果耽玩痼僻使然？更傷後人聞有是名，而不得見是物也，慨夫！

論定窑

高子曰：定窑者，乃宋北定州造也。其色白，間有紫有黑，然俱白骨，加以泑水，有如淚痕者爲最。故蘇長公詩云：「定州花磁琢如玉。」其紋有畫花，有綉花，有印花紋三種，多用牡丹、萱草、飛鳳時製。其所造器皿，式多工巧。至佳者，如獸面彝爐、子父鼎爐、獸頭雲板脚桶爐、膽瓶、花尊、花觚，皆略似古製，多用己意，此爲定之上品。餘如盒子，有内子口者，有内替盤者，自三四寸以至寸許，式亦多甚。枕有長三尺者，製甚可頭。余得一枕，用哇哇手持荷葉覆身葉形，前偃後仰，枕首適可，巧莫與并。瓶式之巧百出，而碟制萬狀。余有數碟，長樣兩角如錠翹起，傍作四摺。又如方式，四角聳若蓮瓣，而傍若蓮捲。或中作水池，傍作闊邊，可作筆洗、筆覘。此皆上古所無。亦燒人物，仙人、哇子居多。而兜頭觀音、羅漢、彌勒像貌形體眉目衣摺之美，克肖生動。其小物，如水中丞、各色瓶罐，自五寸以至三二寸高者，余見何止百十，而製無雷同。更有燈檠，大小碗甓、酒壺，茶注，式有多種，巧者俱心思不及。其水注，用蟾蜍，用瓜茄，用鳥獸，種種入神。若巨觥、承盤、巵匜、盂斝、柳斗、柳升、柳巴，其編條穿線模塑，絲毫不斷。又如菖蒲盆底，大小水底，盡有可觀。更有坐墩式雅花囊，圓腹口坦如槖盤，中孔徑二寸許，用插多花。酒囊，圓腹敞口，如一小碟，光淺，中穿一孔，用以勸酒。式類數多，莫可名狀，諸窑無與比勝。雖然，但製出一時工巧，殊無古人遺意。以巧惑今則可，以製勝古則未也。如宣和、政和年者，時爲官造，色白質薄，土色如玉，物價甚高。其紫黑者亦少，余見僅一二種。色黄質厚者，下品也。

又若骨色青溷如油灰者，彼地俗名「後土窑」，又其下也。

他如高麗窑，亦能綉花，盞甌式有可觀。但質薄而脆，色如月白，甚不佳也。近如新燒文王鼎爐、獸面戟耳彝爐，不減定人製法，可用亂真。若周丹泉，初燒爲佳，亦須磨去滿面火色可玩。若玉蘭花杯，雖巧，似入惡道，且輪回甚速。又若繼周而燒者，合爐桶爐，以鎖子甲、球門錦、龜紋穿挽爲花地者，製作極工，不入清賞，且質較丹泉之造遠甚。元時，彭君寶燒於霍州者，名曰霍窑，又曰彭窑，效古定折腰製者，甚工。土骨細白，凡口皆滑，惟欠潤澤，且質極脆，不堪真賞，往往爲牙行指作定器，得索高資，可發一哂。

論諸品窑器 龍泉窑 章窑 古磁 吉州窑 建窑 均州窑 大食窑 玻璃窑

定窑之下，而龍泉次之。古宋龍泉窑器，土細質薄，色甚葱翠，妙者與官窑争艷，但少紋片、紫骨、鐵足耳。其製若瓶、若觚，若蓍草方瓶，若鬲爐、桶爐、有耳束腰小爐。菖蒲盆底有圓者、八角者、葵花菱花者。各樣酒醆、骰盆。其冰盤之式，有百棱者，有大圓徑二尺者，外此與菖蒲盆式相同。有深腹單邊盥盆，有大乳鉢，有葫蘆瓶，有酒海，有大小藥瓶，上有凸起花紋甚精。有坐鼓高墩，有大獸蓋香爐、燭臺、花瓶，并立地插梅大瓶，諸窑所無，但製不甚雅，僅可適用。種種器具，製不法古，而工匠亦拙。然而器質厚實，極耐磨弄，不易茅蔑行語，以開路曰蔑，損失些少曰茅。但在昔，色以不同，有粉青，有深青，有淡青之别。今則上品僅有葱色，餘盡油青色矣。製亦愈下。

有等用白土造器，外塗泑水翠淺，影露白痕，此較龍泉製度，更覺細巧精緻，謂之章窑。因姓得名者也。有吉州窑，色紫與定相似，質粗不佳。建窑器多甃口碗盞，色黑而滋潤，有黄兔毫斑滴珠，大者爲真，但體極厚，薄者少見。有大食窑，銅身，用藥料燒成五色，有香爐、花瓶、盒子之類，窑之至下者也。

又若玻璃窑，出自島夷，惟粤中有之。其製不一，奈無雅品，惟瓶之小者有佳趣。他如酒鍾、高罐、盤盂、高脚勸杯等物，無一可取。色有白纏絲、鴨緑天青、黄鎖口，三種俱可觀，但不耐用耳，非鑒賞佳器。

若均州窑，有硃砂紅、葱翠青俗謂鶯哥緑、茄皮紫，紅若胭脂，青若葱翠，紫若墨黑。三者色純，無少變露者爲上品。底有一二數目字號爲記。猪肝色，火裏紅，青緑錯雜，若垂涎色，皆上三色之燒不足者，非别有此色樣。俗即取作鼻涕涎、猪乾等名，是可笑耳。此窑惟種蒲盆底佳甚，其他如坐墩、爐、盒、方瓶、罐子，俱以黄沙泥爲坯，故器質粗厚不佳，雜物人多不尚。近年新燒此窑，皆以宜興沙土爲骨，泑水微似，製有佳者，但不耐用，俱無足取。

論饒器新窑古窑

古之饒器，進御用者，體薄而潤，色白花青，較定少次。元燒小足印花，内有樞府字號者，價重且不易得。若我明永樂年造壓手杯，坦口折腰，沙足滑底，中心畫有雙獅滚球，球内篆書「永樂年造」四字，細若粒米，爲上品；鴛鴦心者，次之；花心者，又其次也。杯外青花深翠，式樣精妙，傳用可久，價亦甚高。若近時仿效，規製蠢厚，火底火足，略得形似，殊無可觀。宣德年造紅魚靶杯，以西紅寶石爲末，圖畫魚形，自骨内燒出凸起，寶光鮮紅奪目。若紫黑色者，火候失手，似稍次矣。青花如龍松梅茶靶杯，人物海獸酒靶杯，朱砂小壺、大碗，色紅如日，用白鎖口。又如竹節靶罩蓋滷壺小壺，此等發古未有。他如妙用種種，惟小巧之物最佳，描畫不苟。而爐、瓶、盤、碟最多，製如常品。若罩蓋扁罐、敞口花尊、蜜漬桶罐甚美，多五彩燒色。他如心有「壇」字白甌，所謂壇盞是也，質細料厚，式美足用，真文房佳器。又等細白茶盞，較壇盞少低，而瓮肚釜底線足，光瑩如玉，內有絶細龍鳳暗花，底有「大明宣德年製」暗款，隱隱橘皮紋起，雖定磁何能比方，真一代絶品，惜乎外不多見。又若坐墩之美，如漏空花紋，填以五色，華若雲錦；有以五彩實填花紋，絢艷恍目，二種皆深青地子。有藍地填畫五彩，如石青剔花，有青花白地，有冰裂紋者，種種樣式，似非前代曾有。成窑上品，無過五彩蒲萄撇口匾肚靶杯，式較宣杯妙甚。次若草蟲可口子母雞勸杯、人物蓮子酒盞、五供養淺盞、草蟲小盞、青花紙薄酒盞、五彩齊箸小碟、香盒、各製小罐，皆精妙可人。余意青花成窑不及宣窑，五彩宣廟不如憲廟。宣窑之青，乃蘇浡泥青也，後俱用盡，至成窑時，皆平等青矣。宣窑五彩，深厚堆垛，故不甚佳。而成窑五彩，用色淺淡，頗有畫意。此余評似確然允哉！

世宗青花、五彩二窑，製器悉備。奈何饒土入地漸惡，較之二窑往時，代不相侔。有小白甌，内燒「茶」字、「酒」字、「棗湯」、「薑湯」字者，乃世宗經籙醮壇用器，亦曰壇盞，製度質料，迥不及茂陵矣。嘉窑如磬口、饅心、圓足，外燒三色魚匾盞，紅鉛小花盒子，其大如錢，二品亦爲世珍。小盒子花青畫美，向後恐官窑不能有此物矣，得者珍之。

論藏書

高子曰：藏書以資博洽，爲丈夫子生平第一要事。其中有二説焉：家素者，無資以蓄書；家豐者，性不喜見書。故古人因貧，日就書肆鄰家讀者有之，求其富而好學者則未多見也。即有富而好書，不樂讀誦，務得善本，綾綺裝飾，置之華齋，以具觀美，塵積盈寸，經年不識主人一面，書何逸哉？噫，能如是，猶勝不喜見者矣。

藏書者，無問册帙美惡，惟欲搜奇索隱，得見古人一言一論之秘，以廣心胸未識未聞，至於夢寐嗜好，遠近訪求，自經書子史，百家九流，詩文傳記，稗野雜著，二氏經典，靡不兼收。故常景耽書，每見新異之典，不論價之貴賤，以必得爲期，其好亦專矣。故積書充棟，類聚分門，時乎開函攤几，俾長日深更，沉潛玩索，恍對聖賢面談，千古悦心快目，何樂可勝？古云開卷有益，豈欺我哉！不學無術，深可恥也。

又如宋元刻書，雕鏤不苟，校閲不訛，書寫肥細有則，印刷清朗。況多奇書，未經後人重刻，惜不多見。佛氏醫家，二類更富。然醫方一字差誤，其害匪輕，故以宋刻爲善。海内名家，評書次第，爲價之重輕。若墳典、六經、《騷》、《國》、《史記》、《漢書》、《文選》爲最，以詩集百家次之，文集、道釋二書又其次也。

宋人之書，紙堅刻軟，字畫如寫，格用單邊，間多諱字，用墨稀薄，雖著水濕，燥無湮迹，開卷一種書香，自生異味。元刻仿宋單邊，字畫不分粗細，較宋邊條闊多一線，紙鬆刻硬，用墨穢濁，中無諱字，開卷了無嗅味。有種官券殘紙背印更惡。宋板書刻，以活襯竹紙爲佳，而蠶繭紙、鵠白紙、藤紙固美，而存遺不廣。若糊褙宋書則不佳矣。余見宋刻大板《漢書》，不惟内紙堅白，每本用澄心堂紙數幅爲副，今歸吳中，真不可得。又若宋板遺在元印，或元補欠缺，時人執爲宋刻元板，遺至國初，或國初補欠，人亦執爲元刻。然而以元補宋，其去猶未易辨，以國初補元，内有單邊雙邊之異，且字刻迥然别矣，何必辯論。若國初慎獨齋刻書，似亦精美。

近日作假宋板書者，神妙莫測。將新刻模宋板書，特抄微黄厚實竹紙，或用川中繭紙，或用糊扇方帘綿紙，或用孩兒白鹿紙，筒捲，用棰細細敲過，名之曰刮，以墨浸去臭味印成。或將新刻板中殘缺一二要處，或濕黴三五張，破碎重補。或改刻開卷一二序文年號。或貼過今人注刻名氏留空，另刻小印，將宋人姓氏扣填兩頭角處。或妝茅損，用砂石磨去一角。或作一二缺痕，以燈火燎去紙毛，仍用草烟熏黄，儼狀古人傷殘舊迹。或置蛀米櫃中，令蟲蝕作透漏蛀孔。或以鐵線燒紅，錘書本子，委曲成眼，一二轉折，種種與新不同。用紙裝襯綾錦套殼，入手重實，光膩可觀，初非今書仿佛，以惑售者。或札夥囤，令人先聲指爲故家某姓所遺。百計瞽人，莫可窺測，多混名家，收藏者當具真眼辨證。

論歷代碑帖

高子曰：論古書法，有三十六種，又唐玄度論有十體，韋續纂書列爲五十六種，僧夢英又作十八體，書何紛紛多也？此好奇者引證傳聞，搜剔怪誕，兼以臆説附會，立爲名目，且内多重複。今人學書，於大小篆書、八分、隸書、草、楷、行書，工此數者而精之足矣，何必多求？但諸體書法，傳之世間亦少，雖欲求工，無式可擬，擬而無法，出自杜撰，反爲大方恥也。凡帖莫不祖自《淳化閣帖》，而《閣帖》亦本秦漢晋唐碑刻，故有祖石，刻本用便觀覽。即如《閣帖》之外，有：

《淳化祖石刻》後主命徐鉉以所藏法帖勒石，名《昇元帖》。在《淳化》前，故名祖刻。《淳化》高二字。

《秘閣續帖》元祐中，哲宗除《淳化帖》外，增刻他帖於秘閣，謂之《續帖》。

《潭帖》慶曆間，僧希白重摹刻於潭州，風韻和雅，血肉停勻，形勢俱圓，頗乏峭健之氣。

《絳帖》宋潘思旦以《淳化帖》增入别帖，摹於山西絳州，計二十卷，北紙北墨，及有精神，帖比

《太清樓帖》大觀年中，徽宗以《淳化帖》考選數帖，重刻於太清樓下，模自蔡京，恣意草率，筆偏手縱，無復古意。賴刻手精工，猶勝他帖。

《淳熙秘閣續帖》孝宗刻石於禁，兩續帖相去不遠，工夫精緻，肥而多骨，乃失之粗，遂少風韻。

《戲魚堂帖》元祐間，劉次莊以《淳化帖》除去篆題年月，增入釋文，摹於臨江官署。在翻刻中頗有骨格，淡墨拓尤佳。

《星鳳樓帖》趙彦約刻於南康，曹士冕重摹於南宋。趙刻精善不苟，曹刻清而不穠，亞於《太清樓帖》。

《寶晉齋帖》紹興年間，曹之格刻於無爲州學，在諸帖中爲最下。米元章又云：羲之七帖，有雲烟捲舒翔動之氣。

《百一帖》宋王曼慶刻，筆意清遒，雅有勝趣，刻手不精。

《利州帖》宋慶元中，劉次莊重刻於益昌，其釋文字畫稍大。

《黔江帖》宋秦子明刻於長沙，載入黔江，即《僧寶月古帖》十卷。

《東庫帖》世傳潘氏以石本帖二十卷分爲二，絳州公庫得其上十卷，絳守重刻下十卷以足之。靖康兵火俱失，金又重刻，天淵矣。

《武陵帖》較諸帖中所增最多。中有《黄庭經》，他本所無。博而不精，殊無可取。

《賜書堂帖》宋宣綬刻於山陽，有古鐘鼎識文絶妙，但二王帖俱不精，石已不存。

《一百十七種蘭亭帖》宋理宗内府所藏，裝褫作十册，希世之寶也。

《甲秀堂帖》宋廬江李氏刻，前有王、顔書，多諸帖未見，後有宋人書亦多。今吴中有重模本，亦有可觀。

《二王帖》宋許提舉刻於臨江，模勒極精。

《群玉堂帖》宋韓侂胄刻，所載前代遺迹最多，後有宋人書。

《蔡州帖》蔡州重摹《絳帖》上十卷，出於臨江《潭帖》之上。

《彭州帖》重刻歷代法帖，不甚精采，紙類北紙。

《鼎帖》石硬而刻手不精，雖博而無古意。

《鐘鼎帖》宋薛尚功編次鐘鼎卣彝古銅器銘二十卷，刻於九江府庫，臨摹極工，甚有古意。今多聊便抄録作十卷，以市於人。

《四聲隸韻》書法極工，略似嫵媚。傳云石刻於琉球，其拓法紙色絶佳。

《玉麟堂帖》宋吴琚模刻，穠而不精，多雜米家筆法。

以上諸帖，存者十無一二矣。

《閣帖》翻本，以泉州爲佳，宋拓《泉帖》亦不可得。泉州今刻，何啻天淵哉？又如周國所刻東書堂模刻《閣帖》，而增入《蘭亭叙》文并宋人書，尚有雅趣。近復翻刻，其去周國又遠甚矣。他如《濯錦堂帖》十卷，拓法刻手不佳；《寶賢堂》十二卷，模刻亦工，不快衆議。近如吴中潘氏、顧氏所刻《閣帖》，較時本爲佳。吴人又重模刻，亂真矣。又見南都新刻《閣帖》，書林稱善，近復有翻本，紛雜迨甚。先年曾見書客舒伯明輩翻刻《閣帖》一種，極其精善，但少自然，欲求逼真故耳，惜乎止拓數册，而毁其刻板。將故紙蟬翅拓法假宋《閣帖》，每册得售百金，雖大賞鑒家亦墮術内。毁板之意，欲人不得指以爲新，而無迹可比方耳。又見一帖，不知何刻，其編次之法，似甚得理，以帝王之帖作一帙，以宣尼古篆作歷代名臣法書之首，以五卷内王坦之、王凝之、智永、諸王列於獻之帖後，乃諸帖所未見者。

古今碑刻傳布海内，何啻千萬，而《格古要論》中以兩都十三省碑刻款列爲博，似亦窄矣。余向游燕中，時與王麟洲、梁浮山諸老夥拓西山并内近碑刻，計余所得大小約有二三百種，尚云未盡。即《法華》七卷，俱有碑刻。以此計之，天下可勝數哉！吾人學書，當自上古諸體名家所存碑文，兼收并蓄，以備展閲。求其字體形勢，轉側結構，若鳥獸飛走，風雲轉移，若四時代謝，二儀起伏，利若刀戈，强若弓矢，點摘如山頹雨驟，而纖輕如烟霧游絲，使胸中宏博，縱横有象，庶學不窘於小成，而書可名於當代矣。余以《書譜》所評歷代神品、妙品、名家碑刻録以備考。

草書要領五卷，集晋草書，爲初學法。草韻三種，各五卷，宋元刻，吴中重摹。

周秦漢碑帖

周石鼓文史籀篆　秦泰山碑李斯篆　嶧山碑　朐山碑　章帝草書帖　秦誓詛楚文　蔡邕夏承碑　郭有道碑　九疑山碑　石經隸書　邊韶墓碑　師宜官八分書

仙人唐君碑　張公廟碑　韓明府修孔子廟器碑　劉耀井陰碑　堯母祠碑　北岳碑　郭香察隸華山碑　張平子墓銘崔子玉書

魏碑帖

鍾元常賀捷表　太饗碑　文皇哀册文　受禪碑　劉玄州華岳碑　上尊號碑

吴碑帖

王增恕延陵季子二碑　吴國山碑

晋碑帖

王右軍蘭亭記　筆陣圖　黄庭經　金剛經僧懷仁集右軍行書　樂毅論　草書心經　集王聖教序　周府君碑　北岳醮告文　東方朔頌　洛神賦較大令書稍大　集右軍書牡丹詩　大草書蘭亭恐非真迹　告墓文　集右軍書絳州重修夫子廟堂碑　集右

軍書攝山寺碑智永集　裴雄碑　興福寺碑集書　臨鍾繇宣示帖　平西將軍墓銘　集右軍書梁思楚碑　楊承源碑集義之、歐陽詢、褚遂良等書　改高樓碑　王涣之陀羅尼經幢　羊祜峴山碑　集右軍書建福寺三門碑　包府君碑

宋齊梁陳碑帖

宋文帝神道碑　齊倪桂金庭觀碑　齊南陽寺隸書碑　梁茅君碑張澤書　梁陶弘景瘞鶴銘　劉靈正墮淚碑

魏齊周碑帖

魏裴思順教戒經　北齊王思誠八分蒙山碑　後周大宗伯唐景碑歐陽詢書　蕭子雲章草出師頌　天柱山銘

隋碑帖

隋薛道衡書朱廠碑　張公謹書龍藏寺碑　魏瑗書上方寺舍利塔銘　史陵書禹

廟碑 虞世南書陰聖道場碑 開皇三年刻蘭亭記妙絶諸本

唐碑帖

唐太宗書魏徵碑 李邕書李思訓碑 雲麾將軍碑 盧府君碑 僧智永真草千文 陀羅尼經 玄度十八體書 僧亞栖千文 李陽冰篆先侍郎碑 張旭草書千文 郎官帖 僧懷素三種草書千文 入市詩 自叙帖 聖母帖 心經 藏真律公二帖 褚河南忠臣像贊 虞世南寶曇塔銘 夫子廟堂碑 破邪論 龍藏寺碑 褚遂良文皇哀册 臨摹蘭亭 枯樹帖〔一七〕 臨聖教序帖 蔡孝子墓表 小楷陰符經 草書陰符經 小楷度人經 紫陽觀碑 真草千文 虞世南龍馬圖贊 李懷琳絶交書 史惟則隸書千文 于志寧十八學士像贊隸書 薛稷昇仙太子碑 顔真卿元次山碑 摩崖碑 中興頌 北岳廟碑 草書千文 戒壇記 李含光碑 祭伯文 五言詩圓寂上人 麻姑仙壇記 争坐帖稿 家廟碑 東方朔畫贊 多寶寺碑 放生池碑 干禄字帖 顔母陳夫人墓碑 李北海陰符經 娑羅樹碑 曹娥碑 秦望山碑

李思訓[一八]碑　岳麓寺碑　臧懷亮[一九]碑　李夢徵篆教興頌　歐陽率更化度寺碑　九成宮醴泉銘　皇甫君碑　虞恭公碑　小楷心經　真書千文　金蘭帖　鄱陽銘　歐陽率更夢奠帖　唐太宗屏風帖　韓擇木薦福寺碑　唐太宗李勣碑　擇木八分書臧希沈碑　唐玄宗隸書孝經　歐陽通道因禪師碑　李陽冰篆書千文　謙卦爻辭　城隍廟碑　柳公權玄秘塔銘　李晟碑　薛平碑　武侯祠堂記　玄度八分書崔守成碑　唐明皇書金仙公主碑　歐陽詢千文[二〇]　龍興寺四絶碑李華撰，張從申書，李陽冰篆，法慎師書額。　薛稷周封中岳碑　僧行敦書遺教經　孫過庭書譜　王維書壽州紫極宫記　牛僧孺隸書陀羅尼經　柳公綽諸葛廟堂碑　歐陽通益州碑　熊君重修先師廟碑隸書　索靖出師表　褚遂良樂毅論　白鶴禪師墓靈記隸書　李北海荆門行　智永草書蘭亭記

宋碑帖

蘇長公真書韓文公廟碑　醉翁亭記　馬券　魚枕冠記　王郎帖　歸去來辭

表忠觀碑　洋州園池三十首　金剛經　楚頌帖　黃涪翁書狄梁公碑　此君軒歌
書評行書　晚游池塘詩　大江東去詞　食時五觀帖　米元章章君表　穹窿山賦
山水歌　龍井記　壯懷賦　天馬賦　行書千文　蔡端明書東園記　晝錦堂記　閲
古堂記　荔枝譜　嚴陵祠堂記　白從矩宣師廟碑　冉宗閔宣廟門碑　周越草書千
文　葛剛正續千文　陶穀抄高僧傳　姜夔續書譜　佛印牛頌　袁正己摩利支天經
朱晦翁富貴有餘樂詩　僧夢英篆書字源千文十八體書

元碑帖

鮮于太常進學解　行書千文　巙子山白石篇　清風嶺詩　宋仲温竹譜　七姬
權厝志　趙松雪小楷度人經　黃庭經　樂毅論　七觀帖　佑聖觀碑　蘭亭十三跋
番陽君廟碑　行書道德經　沈山寺碑　東岳行宮碑　行書千文　大字千文　玄
元十子像贊　真草千文　小楷千文　洞玄經　臨蘭亭帖　行書歸去來辭　金丹四
百字　春夜桃李園宴記　趙仲穆義田記　樂善堂集趙諸帖　雪菴頭陀茶榜　吴衍

篆陰符經　王翼篆四書　宋克書杜出塞九首　宋燧小楷不自棄文　周伯温四體千文　吴志淳千文　顔輝小楷孝經　僧訥草書千文　張即之金剛經

以上諸帖，概舉行世者言之，余所目及，而宋拓今拓各半。但玩物流傳，銅玉耐久而多，書帖易敗而少，且寶珠玉者似多，寶金石文者更少，兼之兵火銷爍，人世變遷，豈容片紙。砥礪塵磨，其中幸存一二，散落人間，好之者力或不足，不知者用以覆瓿，此又劫會業逢，不知灾害其幾。何能得聚古人於一堂，與之心談手執，接丰采於几案？故聚玩鑒家，以宋書、宋帖爲第一最上珍品。今人幸得一二，當寶過金玉，斯爲善藏。余向曾見《開皇蘭亭》一拓，有周文矩畫《蕭翼賺蘭亭圖》卷，定武肥瘦二本并褚河南《玉枕蘭亭》四帖，竇玩終日，恍入蘭亭社中，飲山陰流觴水，一洗半生俗腸，頓令心目爽朗。

論帖真僞紙墨辯正

高子曰：法帖真僞，一時入手，少不用心着眼即不能辯。觀唐蕭誠僞爲古帖以示李邕，曰：此右軍書也。邕忻然曰：是真物也。誠以實告邕，再視曰：果欠精神耳。北海且然，況下者乎？南紙堅薄，極易拓墨；北紙鬆厚，不甚受墨。故北拓如薄雲之過青天，以其北用松烟，墨色青淺，不和油蠟，故色淡而文皺，非夾紗作蟬翅拓也；南拓用烟和蠟爲之，故色純黑，面有浮光。今之贋帖，多用油蠟拓者，間有效法松烟墨拓，色似青淺，而敲法入石太深，字有邊痕，用墨深淺不勻，濃處若烏雲生雨，淺者如白虹跨天，殊乏雅趣。惟取眼生，以惑矇瞶。古帖受裱數多，歷年更遠，其墨濃者，堅若生漆，且有一種不可稱比異香，發自紙墨之外。若以手揩，墨色纖毫無染，兼之紙面光采如砑；其紙年久質薄，觸即脆裂，側勒轉摺處，并無沁墨水迹侵染字法。今之濃墨拓者，以指微抹，滿指皆黑。其古帖紙色面有舊意，原人摩弄積久，自然陳色。故面古而背色長新，以古紙堅厚不湮。今之贋拓，大率以川扇紙、竹紙用挂灰爐烟瀝和水染成古色，表裏湮透，兩面如一。若以一角揭試，薄者即裂，厚者性健不斷。如古帖不然，薄者揭之，堅而不裂，以受糊多耳；厚者反破碎莫舉，以年遠糊重，紙脆故也。此俱以形似求之。若以字法刻手，過目翻閱，雖宋拓之妍醜即别，矧贋拓可愚人哉？雖然，近有吴中高手，贋爲舊帖，以堅〔二一〕帘厚粗竹紙，皆特妙〔二二〕也，作夾紗拓法，以草烟末香烟薰之，火氣逼脆本質，用香和糊若古帖嗅味，全無一毫新狀，入手多不能破。其智巧精采，反能奪目，鑒賞當具神通觀法。

蘭亭邊傍考異

「永」字無畫，發筆處微轉折。「和」下「口」字下横筆稍出。「歲」字有點在之下「戈」口之右。「年」字懸筆上凑頂。「流」字内「乙」字處就回筆，不作點。「在」字左人反剔。「是」字下「疋」，凡三轉不斷。「事」字脚，斜拂不挑。「欣」字「欠」右一筆，作章草發筆狀，不是捺。「抱」字「巳」開口。「亦」大矣，「亣」亦字是四點。「興感」字，戈邊是直作一筆，不是一點。「未嘗不」字，反挑脚處有一闕。「殊」字挑脚帶横。「趣」字波略少捲向上。右舉此以觀《蘭亭》，恐亦不大失眼。

五字損本者，乃「湍」「流」「帶」「右」「天」五字損傷也。

宋景定、咸淳間，賈似道命客參校諸本異同，擇其字之尤精者，輯成一帖，用良工王用和刻之，經年始成。此本後有「悦生堂」印，甚可寶也。

論古玉器

高子曰：玉以甘黄爲上，羊脂次之。以黄爲中色，且不易得；以白爲偏色，時亦有之故耳。今人賤黄而貴白，以見少也。然甘黄如蒸栗色佳，焦黄爲下。甘青色如新柳，近亦無之。余見甘黄玉馬，長四寸，神氣如生；甘青羊頭鈎、螭玦、素璩等物，色嬌可愛。余得一舊物殘缺者，製爲五岳巾圈、蟾鈕二物，甚佳。碧玉色如菠菜深緑爲佳；有細墨洒點，有淡白間雜者次之。墨玉如漆者佳，西蜀有石類之。紅玉色如雞冠者可貴。三玉世不多見，都中亦寶重之。緑玉類碧，色少深，翠中有飯糝者佳。外此七種，皆不足取矣。

上古用玉珍重，似不敢褻。故製圭以封諸侯，製璧以祀天帝，製黄琮以祀地祇，製璋如半圭用赤以禮南方，製琥如虎以禮西方，製璜如半璧用玄以禮北方。若璁、珩、雙璜、衡牙，珮之飾也；琫珌、鹿盧，劍之飾也。若指南人蚩托軸輅飾諸具，弁星蚩牛環、螳螂鈎、轆轤環、螭璏[二三]、蟠螭環、商頭鈎、雙螭鈎、玉套管、璩環、帶鈎、拱璧，皆王侯輿服之飾也。琉珥、雜珮、步摇、笄、珈、玉瑱、玉琀、瓊華、璪玉，皆後宫夫人之飾也。又如以玉作六瑞、寶璽、岡卯、明璫、玉魚、玉碗、巵匜、帶圍、弁飾、玉辟邪圖書等物，何重如之？後此失古用玉意矣。

自唐宋以下，所製不一。如管笛[二四]、鳳釵、乳絡、龜魚帳墜、哇哇樹、石爐頂、帽頂、提携袋挂、壓口方圓細花帶板、燈板、人物神像、爐瓶鈎鈕、文具器皿、杖頭、杯盂、扇墜、梳背、玉冠、簪珥、絛環、刀靶、猿馬牛羊犬猫花朵種種玩物，碾法如刻，細入絲髮，無隙敗矩，工緻極矣盡矣。宋工製玉，發古之巧，形後之拙，無奈宋人焉。不特製巧，其取用材料亦多心思不及。若余見一尺高張仙，其玉綹處，布爲衣摺如畫。又一六寸高玄帝像，取黑處一片爲髮，且自額起，面與身衣純白，無一點雜染。又一子母猫，長九寸，白玉爲母，身負六子，有黄黑爲玳瑁者，有純黑者，有黑白雜者，有黄者，因玉玷污，取爲形體扳附眠抱諸態，妙用種種佳絶。又一墨玉大玦，全身地子靈芝俱黑，而雙螭騰雲捲水，皆白玉身尾，初非勉强鈕捏。又若瑪瑙蜩蟬，黑首黄胸，雙翅渾白明亮。又一彌勒，以紅黄纏絲取爲袈裟，以黑處爲袋，面肚手足純白。種種巧用，余見大小數百件皆然，近世工匠，何能比方。

然漢人琢玉，妙在雙鈎，碾法宛轉流動，細入秋毫，更無疏密不匀、交接斷續，儼若游絲白描，曾無滯迹。若余見漢人巾圈，細碾星斗，頂撞圓活；又見螭虎雲霞，層疊穿挽，圈子皆實碾雙鈎，若堆起飛動，但玉色土蝕殆盡，綴線二孔，以銹其一，此豈後人可擬？要知巾圈非唐人始也。又若岡卯，有方者、六棱者，其鈎字之細，其大小圖書碾法之工，宋人亦自甘心。其製人物、螭玦、鈎環并殉葬等物，古雅不煩，無意肖形而物趣自具，尚存三代遺風。若宋人則克意模擬，求物像形，徒勝漢人之簡，不工漢人之難。所以雙鈎細碾，書法卧蠶，則迥别矣。漢宋之物，入眼可識。

至若古玉，存遺傳世者少，出土者多，土銹尸侵，似難僞造。古之玉物，上有血侵，色紅如血，有黑銹如漆，做法典雅，摩弄圓滑，謂之尸古。如玉物上蔽黄土，籠罩浮翳，堅不可破，謂之土古。余見一玉玦，半裹青緑，此必墓中與銅器相雜，沾染銅色乃耳，亦奇物也。余有定窑二瓶，周身亦有青緑，似同此故。近日吴中工巧，模擬漢宋螭玦鈎環，用蒼黄雜色邊皮葱玉，或帶淡墨色玉如式琢成，僞亂古製，每得高值。孰知今人所不能者，雙鈎之法，形似稍可僞真，鈎碾何法擬古？識者過目自别，奚以僞爲？

今時玉材較古似多。西域近出大塊劈爿玉料，謂之山材，從山石中槌擊取用，原非于闐崑岡。西流砂水中天生玉子，色白質乾，内多綹裂，俗名江魚綹也，恐此類不若水材爲寶。有種水石，美者白能勝玉，内有飯糝點子，可以亂真。又如寶定石、茅山石、階州石、巴璞、嘉璞、宣化璞、忠州石、萊州石、阿不公石、梳妝樓肖子石，俱能混玉，但少温潤水色，當細别之。又如古之異玉器具，如寒玉魚、温玉棋子、紫玉笛、紫玉九雛釵、五色玉環、玉膏、滅瘢玉、火玉、玉瓮、紫玉函，此皆天地間秘寶。今入何處？多在内帑，否歸仙府，今後世徒知有此名耳，奇哉！

論剔紅倭漆雕刻鑲嵌器皿

高子曰：宋人雕紅漆器，如宫中用盒，多以金銀爲胎，以朱漆厚堆至數十層，始刻人物、樓台、花草等像，刀法之工，雕鏤之巧，儼若畫圖。有錫胎者，有蠟地者，紅花黄地，二色炫觀。有用五色漆胎刻法，深淺隨妝露色，如紅花緑葉、黄心黑石之類，奪目可觀，傳世甚少。又等以朱爲地刻錦，以黑爲面刻花，錦地壓花，紅黑可愛。然多合製，而盤、匣次之。合有蒸餅式、河西式、蔗段式、三撞式、兩撞式、梅花式、鵝子式，大則盈尺，小則寸許，兩面俱花。盤有圓者、方者、腰樣者，有四入角者，有絛環樣者，有四角牡丹瓣者。匣有長方、四方、二撞、三撞四式。元時有張成、楊茂二家，技擅一時，但用朱不厚，漆多敲裂。

若我朝永樂年果園廠製，漆朱三十六遍爲足。時用錫胎、木胎，雕以細錦者多，然底用黑漆針刻「大明永樂年製」款文，似過宋元。宣德時製同永樂，而紅則鮮妍過之，器底亦光黑漆，刀刻「大明宣德年製」六字，以金屑填之。其盤、盒大小，製同宋元，然多丫髻瓶、茶槖、勸杯、茶甌、穿心合、拄杖、扇柄、硯匣等物。民間亦有造者，用黑居多，工緻精美，但几架、盤、盒、春撞[二五]各物有之，若四五寸香盒以至寸許者絶少。雲南以此爲業，奈用刀不善藏鋒，又不磨熟棱角，雕法雖細，用漆不堅，舊者尚有可取，今則不足觀矣。有僞造者，礬朱堆起雕鏤，以朱漆蓋覆二次，用愚隸家，不可不辯。穆宗時，新安黄平沙造剔紅，可比園廠，花果人物之妙，刀法圓滑清朗。奈何庸匠網利，效法頗多，悉皆低下，不堪入眼。較之往日，一盒三千文價，今亦無矣，何能得佳？金陵之製亦然。國初有楊塤描漆、汪家彩漆，技亦稱善，余家藏有一二物件，真勝他器。漆描用粉，數年必黑，而楊畫《和靖觀梅圖》屏，以斷紋而梅花點點如雪，其用色之妙可知。宣德有填漆器皿，以五彩稠漆，堆成花色，磨平如鏡，似更難製，至敗如新，今亦甚少。有漂霞砂金，蝸嵌堆漆等製，亦以新安方信川製爲佳。如效砂金倭盒，胎輕漆滑，與倭無二，今多僞矣。

漆器惟倭稱最，而胎胚式製亦佳。如圓盒以三子小盒嵌内，至有五子盒、七子九子盒，而外圓寸半許，内子盒肖蓮子殼，蓋口描金，毫忽不苟。小盒等重三分，此何法製？方匣有四子匣、六子九子匣。箱有衣箱、文具替箱，有簪匣，有金邊紅漆三替撞盒，有洒金文臺手箱，塗金妝彩屏風，描金粉匣、筆匣，貼金扇匣，洒金木銚、角盥、桶子、罩盒，有罩蓋，箱罩蓋、大小方匣。有書厨之制，妙絶人間，上一平板，兩旁稍起，用以閣卷。下此空格盛書，傍板鏤作絲環，洞門兩面鋈金，銅滚陽線。中格左作四面板圍小厨，用門啟閉，鋈金銅鉸，極其工巧。右旁置倭龕神像。下格右方又作小厨，同上規製，較短其半，左方餘空。再下四面虎牙如意勾脚。其圓轉處，悉以鋈金銅鑲陽線鈐制，兩面圓渾如一，曾無交接頭緒，此亦僅見。有金銀片嵌光頂圓盒、蔗段盒、結盒、腰子盒、腰子硯匣。有秘閣，有一枝瓶，有酒注，鋈金銅鑲口嘴。有折酒盂，上如大盞漏空，坐嵌一槖，以槖蓋大碗，碗外泥金花彩，用之折酒，可免濺漬。有大小碟碗，紅如渥丹。有描彩嵌金銀片子酒盤。有都丞盤，内有倭石研、水注、刀錐、拂塵等件。有鉛鑲口蓋匾小方匣。有筆筒。有茶槖。有漆龕觀音、准提，馬哈喇等佛。有小圓香撞三層四層者。有挂吊腰子香撞五格三格者。有八角茶盤。有茶杯。有尖底勸杯。有銅罩被爊。有鏡匣。有金銀蝌嵌山水禽鳥倭几，長可二尺，闊尺二寸餘，高三寸者。有高二尺香几，面以金銀蝌嵌《昭君圖》精甚。種種器具，據所見者言之，不能悉數，而倭人之製漆器，工巧至精極矣。又如雕刻寶嵌紫檀等器，其費心思工本，亦爲一代之絶。但可取玩一時，恐久則膠漆力脱，或匣有潤竊伸縮，似不可傳。寧取雕刻，傳摩可久。況今之鑲嵌，在在皆是也，與國初製〔二六〕，何天淵隔也，價亦低下。

然雕刻之神，若宋人王劉九者，鐫刻青田石、楚石等類壽星、洞賓、觀音、彌勒神像，豈特肖生，相對色笑，儼欲談吐，豈後人可能仿佛。又如蚼殼鐫刻觀音、普陀坐像，山水樹石，視若游絲白描，目不能以逐髮數識，即觀音身披法服，有六種錦片，無論螺殼深窪，即平地物件，亦難措手。又若刻劃諸天羅漢，經面牙板，并翻經牙籤，種種精細，工奪天巧。後有效者，罕能得其妙處。又若我明宣德年間，夏白眼所刻諸物，若烏欖核上雕有十六哇哇，狀米半粒，眉目喜怒悉具。又如荷花九鷥，飛走作態，成於方寸小核，可稱一代奇絶。傳之久遠，人皆寶藏，堪爲住世一物，去鑲嵌何如？嗣後有鮑天成、朱小松、王百户、朱滸崖、袁友竹、朱龍川、方古林輩，皆能雕琢犀象香料紫檀圖匣、香盒、扇墜、簪鈕之類，種種奇巧，迥邁前人。若方之取材工巧，别有精思。如方所製瘿瓢、竹拂、如意、几杖，其就物製作，妙用入神，亦稱我朝妙技。近之仿效倭器，若吴中蔣回回者，製度造法，極善模擬，用鉛鈐口，金銀花片，蚼嵌樹石，泥金描彩，種種克肖，人亦稱佳。但造胎用布稍厚，入手不輕，去倭似遠。閩中牙刻人物，工緻纖巧，奈無置放處，不入清賞。

校勘記

〔一〕「帖」，四庫本作「字」。
〔二〕「嗒」，原作「哈」，今據四库本改。
〔三〕「中」，四庫本作「生」。
〔四〕此條原無，今據弦雪居本、四庫本補。
〔五〕「曜」，原作「耀」，今據四庫本改。此條下同。
〔六〕「王」字原脱，今據《晋書》劉曜傳補。
〔七〕「一」，原作「二」，今據《晋書》劉曜傳改。
〔八〕「金麥銀粟」，原作「金菱銀粟」，今據《太平廣記》卷二百三十七改。
〔九〕「罽」，原作「氞」，今據《雲仙雜記》改。
〔一〇〕「龍」字原缺，今據《四庫》本《明皇雜録》補。
〔一一〕「司空圖」，原作「司空徒」，今據四库本改。
〔一二〕「馮玉」二字原缺，今據《四庫》本《清異録》補。
〔一三〕「二」字原缺，今據《四庫》本《玉芝堂談薈》補。

〔一四〕「因」，原作「回」，今據《四庫》本《山堂肆考》卷一百八十二改。
〔一五〕「唐寧」二字原缺，今據《四庫》本《江淮異人録》補。
〔一六〕「燈銲等」，四庫本作「軟銅沖」。
〔一七〕「枯樹帖」三字原無，今據弦雪居本、四庫本補。
〔一八〕「李思訓」，弦雪居本、四庫本均作「臧懷庇」。
〔一九〕「臧懷亮」，弦雪居本、四庫本均作「開元寺」。
〔二〇〕「歐陽詢千文」五字原無，今據弦雪居本、四庫本補。
〔二一〕「竪」，原作「豎」，今據弦雪居本改。
〔二二〕「妙」，原作「抄」，今據《叢書集成初編》本《考槃餘事》改。
〔二三〕「礁」，原作「澆」，今據弦雪居本、四庫本改。
〔二四〕「如管笛」，原作「提携」，今據弦雪居本、四庫本改。
〔二五〕「春撞」，人民衛生出版社《遵生八箋校注》校勘記以爲乃「香撞」之訛。
〔二六〕「國初製」，原作「周初製」，人民衛生出版社《遵生八箋校注》校勘記云：「據文意疑當爲『國初』。」是。今據改。

燕閑清賞箋中卷

論畫

高子曰：畫家六法三病、六要六長之説，此爲初學入門訣也，以之論畫，而畫斯下矣。余所論畫，以天趣、人趣、物趣取之。天趣者，神是也；人趣者，生是也；物趣者，形似是也。夫神在形似之外，而形在神氣之中。形不生動，其失則板；生外形似，其失則疏。故求神氣於形似之外，取生意於形似之中。生、神取自遠望，爲天趣也；形似得於近觀，爲人趣也。故圖畫張挂，以遠望之。山川徒具峻削，而無烟巒之潤；林樹徒作層疊，而無摇動之風；人物徒肖，尸居壁立，而無語言顧盼、步履轉折之容；花鳥徒具羽毛文彩，顔色錦簇，而無若飛若鳴、若香若濕之想，皆謂之無神。四者無可指摘，玩之儼然形具，此謂得物趣也。能以人趣中求其神氣生意運動，則天趣始得具足。

如唐人之畫，余所見吴道子《水月觀音》大幅，描法妝束，設色精采，寶珠纓絡，摇動梵容，半體上籠白紗袍衫，隱隱若輕綃遮蔽，復加白粉細錦緣邊，無論後世，即五代宋室，去唐未遠，余所見諸天菩薩之像，何能一筆可仿！其滿幅一月，月光若黄若白，中坐大士，上下俱水，鵠首以望，恍若萬水滂湃，人月動摇，所爲神生畫外者此也。又若閻立本《六國圖》，其模寫形容，肖諸醜類，狀其醉醒歌舞之容，異服野處之態，種種神生，得自化外。又見閻大幅《四王圖》，其君臣俯仰威儀，侍從朝拱端肅，珍奇羅列，種種生輝，山樹槎枒，層層烟潤，色求形似，而望若堆疊，以指摩之，則薄平絹素。又如李思訓《驪山阿房宫圖》，山崖萬疊，臺閣千重，車騎樓船，人物雲集，悉以分寸爲工，宛若蟻聚，逶迤遠近，游覽儀形，無不纖備，要知畫者神具心胸，而生自指腕，一點一抹，天趣具足，故能肖百里於方寸，圖萬態於毫端，松杉歷亂，峰石嶙峋，且皴染岩壑數層，勾勒樹葉種種。曹明仲何見，以爲山水古不及今。客云此乃文内翰家物。又如周昉《美人圖》，美在意外，丰度隱然，含嬌韻媚，姿態端莊，非彼容冶輕盈，使人視之，艷想目亂。又如周之白描《過海羅漢》、《龍王請齋》卷子，細若游絲，回還無迹，其像之睛若點漆，作狀疑生，老儺龍鍾，少似飛動，海濤洶湧，展卷神驚；水族騎擎，過目心駭，豈直徒具形骸，點染紙墨云哉？又見邊鸞花草昆蟲，花若摇風，裊娜作態；蟲疑吸露，飛舞翩然；草之偃亞風動，逼似天成，雖對雪展圖，此身若坐春和園囿。又如戴嵩《雨中歸牧》一圖，上作線柳數株，絲絲烟起，以墨洒細點，狀如針頭，儼若一天暮靄，靈雨霏霏，豎子跨牛，奔歸意急。此皆神生狀外，生具形中，天趣飛動者也。故唐人之畫，爲萬世法。

然唐人之畫，莊重律嚴，不求工巧，而自多妙處，思所不及。後人之畫，克意工巧，而物趣悉到，殊乏唐人天趣渾成。若彼丘文播、楊寧、韋道豐、僧貫休、閻立德、弟立本、周昉、吴道玄、韓求、李祝、朱瑶輩，此爲人物神手，模擬逼真，生神妙足，設色白描，各臻至極。其山水如李思訓、子昭道、盧鴻、王摩詰、荆浩、胡翼、張僧繇、關同輩，筆力遒勁，立意高遠，山環水蟠，樹烟巒靄，墨沐淋漓，神氣生旺。花鳥如鍾隱、郭權輝、施璘、邊鸞、杜霄、李逖、黄筌、子居寀，皆設色類生，展布有法，花之容冶露滴，鳥之掀翥風生，此皆權奪化工，春歸掌握者也。又如韓幹之馬，戴嵩、張符之牛，僧傳古之龍，韓太尉之虎，袁義之魚，皆極一時獨技，生意奔逸，氣運騫騰，神迴蠢動之外，雖臨摹未能仿佛。

若宋之孫知微、僧月蓬、周文矩、李遵、梁楷、馬和之、僧梵隆、蘇漢臣、顏次平、徐世榮、盛師顏、李早、李伯時、顧閎中，皆工於人物，而得其丰神精爽者也。如郭忠恕、許道寧、米友仁、趙千里、郭熙、李唐、高克明、孫可元、劉松年、李嵩、馬遠、馬逵、夏珪、樓觀、胡瓘、朱懷瑾、范寬、董源、王晋卿、陳珏、朱鋭、王廷筠、李成、張舜民，此皆工於山水，得其泉石高風者也。如揚補之、丁野堂、李迪、李安忠、吴炳、毛松、毛益、李永年、崔白、馬永忠、單邦顯、陳可久、僧希白、劉興祖、徐世昌、徐榮、趙昌、趙大年、王凝、馬麟，此皆工於花鳥，得其天機活潑者也。若宋高宗之山水竹石，文湖州、蘇長公、毛信卿、吴心玉之竹石枯木，閻士安之野景樹石，張浮休之烟村，此皆天籟動於筆鋒，渭川波入硯沼，揮洒萬竿，雲蒸霧變，置之高齋，緑陰滿堂，清風四坐，豈彼俗工，可容措手？又如陳所翁之龍，錢光甫之魚，朱紹宗、劉宗古之猫犬，皆得一物骨氣運動，狀其形似，名擅一時。此余因目所及，聊述數輩，若叙其全，當自《畫譜》、《繪鑒》求之，非余所謂清賞要略。余自唐人畫中，賞其神具畫前，故畫成神足。而宋則工於求似，故畫足神微。宋人物趣，迥邁於唐，而唐之天趣，則遠過於宋也。

今之評畫者，以宋人爲院畫，不以爲重，獨尚元畫，以宋巧太過，而神不足也。然而宋人之畫，亦非後人可造堂室；而元人之畫，敢爲并駕馳驅。且元之黄大痴，豈非夏、李源流？而王叔明亦用董、范家法，錢舜舉乃黄筌之變色，盛子昭乃劉松年之遺派。趙松雪則天分高朗，心胸不凡，摘取馬和之、李公麟之描法，而得劉松年、李營丘之結構，其設色則祖趙伯駒、李嵩之濃淡得宜，而生意則法夏珪、馬遠之高曠宏遠，及其成功，而全不類此數輩，自出一種温潤清雅之態，見之如見美人，無不動色。此故迥絶一代，爲士林名畫，然皆法古，絶無邪筆。元畫如王、黄、二趙，子昂、仲穆。倪瓚之士氣，陳仲仁、曹知白、王若水、高克恭、顧正之、柯九思、錢逸、吴仲圭、李息齋、僧雪窗、王元章、蕭月潭、高士安、張叔厚、丁野夫之雅致，而畫之精工，如王振朋、陳仲美、顔秋月、沈秋澗、劉耀卿、孫君澤、胡廷輝、臧祥卿、邊魯生、張可觀，而閑逸如張子政、蘇大年、顧定之、姚雪心輩，皆元之名家，足以擅名當代則可，謂之能過於宋，則不可也。其松雪、大痴、叔明，宋人見之，亦能甘心，服其天趣。

今之論畫，必曰士氣。所謂士氣者，乃士林中能作隸家畫品，全用神氣生動爲法，不求物趣，以得天趣爲高，觀其曰寫而不曰描者，欲脱畫工院氣故耳。此等謂之寄興，取玩一世則可，若云善畫，何以比方前代，而爲後世寶藏？若趙松雪、王叔明、黄子久、錢舜舉輩，此真士氣畫也。而四君可能淺近效否？是果無宋人家法，而泛然爲一代之雄哉？例此可以知畫矣。

畫家鑒賞真僞雜説

高子曰：米元章云，好事家與鑒賞家自是兩等。家多資蓄，貪名好勝，遇物收置，不過聽聲，此謂好事。若賞鑒家，天資高明，多閲傳録，或自能畫，或深知畫意，每得一圖，終日寶玩，如對古人，聲色之奉不能奪也，名曰真賞。然看畫之法，須着眼圓活，勿偏己見，必細玩古人命筆立意委曲妙處，不能潦草涉略。論山有起伏轉换，水有隱顯源流。林木求其深邃蓊鬱，而深淺分明。人物觀其睹面凝眸，而顧盼相屬。四時之景，要分朝暮陰晴，烟雲動蕩。花鳥之態，須觀欹風含露，宿食飛鳴。次及牛馬昆蟲，魚龍水族，無一不取神氣生動，天趣涣然筆墨之外，斯不失爲真賞。若專以形似取之，則市街貼壁賣畫，盡有克肖人物花草猫狗之圖，何取於古？且古人之畫，豈特不可以形似物迹求也？當無筆迹留滯，方見天趣，如書之藏鋒始妙。松雪詩云：「石如飛白木如籀，寫竹應須八法通。」正謂是也。且好畫不宜多裱，裱多失神，亦不可洗，更不可剪去破碎邊條，當細細補足，令人寶惜古畫，豈特寶若金玉。即如宋人去此不遠，畫之在世流傳便少，無論唐時五代。藏畫之家，當自檢點，不恤勤煩，乃收藏至要。

畫之失傳，其病有五：古畫年遠，紙絹已脆，不時舒捲，略少局促，即便折損，破碎無救，此失傳之一。童僕不識收捲有法，即以兩手甲抓畫捲起，不顧邊齊，以軸幹着力緊收，内中絹素碎裂，此失傳之二。或遭屋漏水濕，鼠嚙猫溺，梅雨黴白，不善揩抹，即以粗布擦摩，逐片破落，此失傳之三。或出示俗人，不知看法，即便手托畫背，之四。或遭兵火水溺，歲苦流移，此失傳之五。有等敗落子孫、無識婦女，不知寶藏，堆積朽腐；或兒女痴頑，用筆塗寫；或燈下看玩，以致油污透骨，或偶墮燭燒損；或挂起就眼觀，絹素隨折；或挂畫忽慢，以致墮地折裂，再莫可補，雖貼襯何益，此失傳之

當風狂起，吹斷刮裂。甚矣！古畫難存，類此種種。

古人名畫，更少對軸。若高尚士夫之畫，適興偶作，天趣生動，人即寶傳，何能有對？若高齋精舍，豈容四軸張挂？即對軸亦少雅致。世以無名人畫，即填某人款字，深可笑也。畫院進呈卷軸，皆有名大家，俱不落款，何必見牛指戴，見馬指韓？又豈如《格古論》云：「無名人畫，多有佳者。」若云無名，決無好畫，無名款者，皆御府畫也。古有善畫花草者，多不落墨，以色點染，自有一種精神生意。又若粉本，即舊人畫稿，草草不經意處，乃其天機偶發，生意勃然，落筆趣成，多有神妙，當寶藏之。

唐人紙則硬黄短帘，絹則絲粗而厚，有搗熟者，有四尺闊者。宋絹則光細若紙，揩摩如玉，夾則如常；更有闊五六尺者，名曰獨梭紙，用鵠白澄心堂居多。宋畫迄今，其絲性消滅，更受糊多，無復堅韌，以指微跑，則絹絲如灰堆起，表裏一色。若今

時絹素，以藥水染舊，無論指跑絲絲露白，即刀刮亦不成灰。此古今絹素之辯，似不容僞。又如元絹，有獨梭者，與宋相似，有宓家機絹，皆妙。古畫落墨着色，深入絹素，彀染既多，精采迥異。其花草紅若初暘，緑如碧瑱，粉則膩滑如玉，黑則點墨如漆。僞者雖極力模擬，而諸色間有相似，惟紅不可及。且求其入絹深厚，則不能矣，神采索然。

又如古人之畫，愈玩愈佳，筆法圓熟，用意精到，以人趣仿模物趣，落筆不凡，而天趣發越。今人之畫，人趣先無，而物趣牽合，落筆粗庸，入眼不堪玩賞，何用僞爲？宋人臨摹唐朝五代畫片，神采如出一手，秘府多寶藏之。今人臨畫，惟求影響，多用己意，隨手苟簡，雖極精工，先乏天趣，妙者亦板。近如吴中莫樂泉臨畫，亦稱當代一絶。

我朝名家，可宋可元者，亦不乏人。高品如文衡山、沈石田、陳白陽、唐伯虎、文汶水、王仲山、錢叔寶、文伯仁、顧亭林、孫雪居、沈青門，風神俊逸，落筆脱塵，或隸或行，各有天趣。元之二趙、王、黄，可與并美。如戴文進工山水人物神像，雅得宋人三昧，其臨摹仿效宋人名畫，種種逼真；其生紙着色，開染草草，效黄子久、王叔明等畫，較勝二家。如商喜、李在、周東村、仇十洲，山水人物之妙，上軼宋人劉、范諸輩。又如邊景昭、吕廷振、林以善、張秋江、沈士容、王牧之、陳憲章、俞江村、周少谷輩，花鳥竹石，亦得宋之徐、黄家法。他如謝廷循、上官伯達、金文鼎、金汝清、姚公綬、王孟端、夏仲昭、王舜耕、陳大章、許尚文、吴偉、蘇致中、葉原静、謝時臣、朱子朗、朱鹿門、夏葵、夏芷、石鋭、倪端諸輩，皆我明一代妙品，士夫畫家，各得其趣。若鄭顛仙、張復陽、鍾欽禮、蔣三松、張平山、汪海雲，皆畫家邪學，徒逞狂態者也，俱無足取。

賞鑒收藏畫幅

高子曰：收蓄畫片，須看絹素紙地，完整不破，清白如新，照無貼襯，此爲上品。面看完整，貼襯條多，畫神不失，此爲中品。若破碎零落，片片凑成，雜綴新絹，以色旋補，雖爲名畫，亦不入格，此下品也。完整中價之低昂，又以山水爲上，人物小者次之，花鳥竹石又次之，走獸蟲魚又其下也。册葉、卷子，同一論法。又如神佛圖像，其品不同。如宋元并我朝人，畫佛像名家，多就山水樹石中，或坐或行，或倚石憑樹，畫法不板，烟雲流潤，神氣儼臨，爲上品也。其他三尊并列，鬼從猙獰，或登寶座，諸神衛護者，止可爲侍奉香火，非流傳品也。又如假造佛像畫片，以絹搗熟，以香烟瀝并灶烟、屋梁挂塵煎汁染絹，其色雖舊，或黄或淡黑，可愚隸家，孰知古絹一種傳玩舊色，嗅之異香可掬，豈人僞可到？古絹碎裂，儼狀魚口，横聯數絲，再無直裂。今之僞者，不横即直，乃以刀刮，指甲劃開，絲縷堅韌不斷，觸目即辨。

藏畫之法，以杉板作匣，匣内切勿油漆糊紙，反惹黴濕。又當常近人氣，或置透風空閣，去地丈餘便好。一遇五月八月之先，將畫幅幅展玩，微見風日，收起入匣，用紙封口，勿令通氣，過此二候方開，可免黴白。又若以名畫張挂，多則三五日一换收起，挂久恐爲風濕侵損質地。若絹素畫，尤不可以久挂。如前《起居箋》内温閣藏畫之法甚佳。古畫不可捲緊，恐傷絹地。單條短軸，作横面開關門扇匣子，畫直放入，軸頂貼籤，細開某畫，甚便取看。

又如宋人綉畫，山水人物，樓臺花鳥，針線細密，不露邊縫。其用絨止一二絲，用針如髮細者爲之，故多精妙，設色開染，較畫更佳。以其絨色光彩奪目，丰神生意，望之宛然，三趣悉備，女紅之巧，十指春風，迥不可及。元人之綉，便不及宋，以其用絨粗肥，落針不密，且人物禽鳥，用墨描畫眉目，不若宋人以絨綉眉目，瞻眺生動，此宋元之别，以其眉目辯也。故宋綉山水，亦不多得，元人花鳥，尚可一二見耳。宋人刻絲山水人物花鳥，每痕剜斷，所以生意渾成，不爲機經掣制，；今人刻絲，是織絲也，與宋元之作迥異。故宋刻花鳥山水，亦如宋綉，有極工巧者。余意刻絲雖遠不及綉，若大幅舞裀，自有富貴氣象。元刻迥不如宋矣。大率一代之物不及一代，凡事皆然，何止此也？

人能以畫自工，明窗净几，描寫景物，或睹佳山水處，胸中便生景象，布置筆端，自有天趣。如名花折枝，觀其生趣，花態綽約，葉梗轉折，向日舒笑，迎風欹斜，含烟弄雨，初開殘落，種種態度，寫入采素，不覺學成，便得出人頭地。若不以天生活潑者爲法，徒竊紙上形似，三趣無一得也，終爲俗品。古之高尚士夫，如李公麟、范寬、李成、蘇長公、米家父子輩，靡不畫臻神妙。是以大雅君子，於畫收藏賞鑒，不可不學一二名筆。

論硯

高子曰：硯爲文房最要之具。古人以端硯爲首，端溪有新舊坑之分。舊坑石色青黑，温潤如玉，上生石眼，有青緑五六暈，而中心微黄，黄中有黑點，形似鸜鵒之眼，故以鸜鵒名硯。眼分三種，暈多晶瑩者，謂之活眼；有眼朦朧，暈光昏滯者，謂之淚眼；雖具眼形，内外焦黄無暈者，謂之死眼，故有淚不如活，死不如淚之評。又以眼在池上者，名曰高眼，爲佳；生下者爲低眼，次之。惟北岩之石有眼，餘坑有無相間。或有七眼、三五眼，如星斗排聯者，或十數錯落，上下四傍生者。或有白點如粟，貯水方見隱隱，扣之無聲，磨墨亦無聲，爲下岩之石，今則絶無，有則希世之珍也。上岩中岩之石，皆灰色而紫如猪肝，總有一眼，暈少形大，如雄雞眼，扣之摩之俱有聲，質亦粗礪，即今之端石是也。歐陽公以端之子石爲佳，以子石生大石中，爲石之精，其發墨光潤，貯水不耗，爲可貴耳。古有端石貢硯，無眼，其細膩發墨，色青光潤，此必下岩石也。想貢硯在宋，官司取多，不暇剪裁取眼故耳。貴在發墨，何取於眼？無眼者，但不入於俗眼，鑒家何礙？

歙石出龍尾溪者，其石堅勁發墨，故前人多用之。以金星爲貴，石理微粗，以手磨之，索索有鋒鋩者尤佳。歙溪羅紋，如羅之紋，細潤如玉；刷絲，如髮之密；金銀間刷絲，亦細密；眉子即峨眉也。如甲痕，爲舊坑四種石也，色俱青黑。其新坑者，羅紋如蘿菔紋，刷絲每條相去一二分，眉子或長一二寸。金星新舊坑石色雖淡青，質并粗燥。銀星新舊坑同。故歙石有龍尾、金星、峨眉、角浪、松文等名。

有種湖廣沅州出石，深黑，亦有小眼。廣人取歸作硯，名曰黑端。沅人取作犀牛、魚、龜、荷葉、八角等式。潔溪石，淡青色，内深紫而帶紅，極細潤，用久光甚，有黄脉相間，俗號紫袍金帶。有僞造者，以藥鑿嵌成之，自有痕迹。洮河緑石，色緑微藍，其潤如玉，發墨不減端溪下岩，出陜西，河深甚難得也。今名洮者，俱潔石之皮，乃長沙山谷中石，光不發墨。廣東萬州懸崖金星石，色黑如漆，光潤如玉，以水潤之，則金星自見，乾則無迹，極能發墨，用久不退，在歙之上，端之下岩可并也。浙之衢石，黑者亦佳，多不發墨。

他如黑角硯、紅絲硯、黄玉硯、褐色硯、紫金硯、鵲金墨玉石硯，皆出山東。水晶硯，發墨如歙。蔡州白石硯、浮蓋山仙石硯、丹石硯、唐州唐石硯，宿州宿石硯、吉州紫石硯、淄州黄金硯、金雀石硯、青州石末硯、熟鐵硯、紫金石硯，用不發墨。青石硯、蘊玉石硯、戎石絳石硯、淮石硯、寧石硯、宣石硯、吉石硯、夔石硯，如漆發墨。明石硯、萬州磁洞石硯、相州銅雀瓦硯、未央宫瓦頭硯、柳州柳石硯，出龍壁下。成州成石硯，出栗亭。瀘硯、濰硯、南劍州魯水硯、宿州樂石硯、虢州澄泥硯、登州駝基島石硯、歸州大陀石硯、江西寧府陶硯、形肖銅雀。高麗硯、上鑿花巧。梁公硯、銀硯、銅硯、磚硯、漆硯、蚌硯、磁硯，硯之出處，不可勝紀。

衆硯中龍尾發墨，池水積久不乾；端溪美惡俱能發墨，中有受水燥濕之别，羅紋過於龍尾。銅雀硯沉水千年，原質亦細，故易發墨而不甚燥，然不壞筆，他則無足議也。唐之澄泥硯，品爲第一，惜乎傳少，而今人罕見。古之名硯，如陳省躬仙翁硯；陶穀有兩池圓硯，名曰「璧友和」；魯公有雪方池硯；周彬公友人有金棱玉海硯；徐闉之有小金成硯；宣城有四環鼓硯；李後主有生水硯，内有黄石子，子在則水，無子則涸；孫之翰有呵水硯，一呵水流；丁晉公有水硯，一泓墨水，盛暑不乾；劉義叟造瓦硯；丁寶臣緑石硯，即緑豆端也。謂之玉堂新製，送王介甫，故介甫詩有「玉堂新製世爭傳，況是鑾溪緑石鐫」之句；蘇長公硯，銘曰：「千夫挽綆，百夫運斤。篝火下錘，以致斯珍。」此言下岩端石，在宋亦難采取如此，況後數百年矣，何能易得。

若余所見，硯有百方，皆名硯也，不能一一悉記，舉其可寶者言之。如端溪天成〔一〕七星硯、緑端石硯、玉兔朝元硯、子石硯、三角〔二〕子石硯、天成白玉風字硯、漢碧玉圭硯、唐澄泥八角大硯、未央宫磚頭硯、德壽殿犀紋石硯、天潢硯、龍尾石筒瓦小硯、洮河緑石硯、銀絲石硯、古瓦鶯硯、靈壁山石硯、龍尾石段硯、興和磚硯、石渠瓦硯、豆斑石硯，此皆硯之極少而至精妙者，圖其形體，共海内鑒家賞之。噫！有硯存笥，如范喬之遺子者，能幾人哉！人能賤金玉而寶硯石者，又幾人哉！況佳硯之不得其主，又不知其幾矣。他如沉於深淵，掩於厚土，毁於兵燹，敗於顛覆，灾於記算之傍，困於學究之側，其幾又何勝以千百計也，惜哉！

滌藏硯法

佳硯，池水不可令乾，每日易以清水，以養石潤，不可一日不滌，若用二三日不滌，墨色差減。滌者不可磨去墨銹，此爲古硯之徵。滌以皂角清水爲妙，滚水不可滌硯。以半夏切平擦硯，極去宿墨。以絲瓜穰滌洗，總不如蓮房殼，收起以水浸軟滌硯，去垢起滯，又不傷硯。不可以氈片故紙揩抹，恐氈毛紙屑，以混墨色。大忌滚水磨墨，茶亦不可。新墨初用，膠性并棱角未伏，不可重磨，恐傷硯質。冬月當預藏佳硯，以粗硯用之，可以敵凍。寒時以火炙冰，當用四角挣爐，架火硯上，微暖逼之，或用硯爐亦可。得青州熟鐵硯用之甚宜。春夏二時，霉溽蒸濕，使墨積久，則膠泛滯筆，又能損硯精采，須頻滌之。以文綾爲囊，韜避塵垢，藏之笥匣，不可以硯壓硯，以致傷損。硯之佳者，最爲難得，今所尚者，未必佳品。人俱貴耳賤目，以愚隸家。彼所爲寶，豈真寶哉？ 又不可以不察。

奇硯圖二十方〔三〕

後硯圖，皆余十年間南北所見，或在世家，或在文客，或落市肆，重索高資。鑒家未見，按圖未必盡許爲奇。即内中一二易得之石，亦異常品。故余賞其諸硯質之堅膩，琢之圓滑，色之光采，聲之清泠，體之厚重，藏之完整，傳之久遠，豈世俗所謂硯哉？海内必有見者，見則必以余爲藻鑒的確。余雖未博，目中見此爲佳，第恐沉歿，圖志不忘。愧余筆拙，未盡形容。若爲浮借，余素不善。

天成七星硯

此爲黑青端石，上有七眼，列如七星，次第不爽毫髮。背有四眼。名曰天成七星硯，後有銘數十字。長可八寸，闊三寸有餘。

子石硯

天生石子，長五寸零，高厚寸五分。傍有小凹，四面光潤可愛，其色紫黑發墨，此端石也。後有隱然鸜鵒眼迹二字。子后

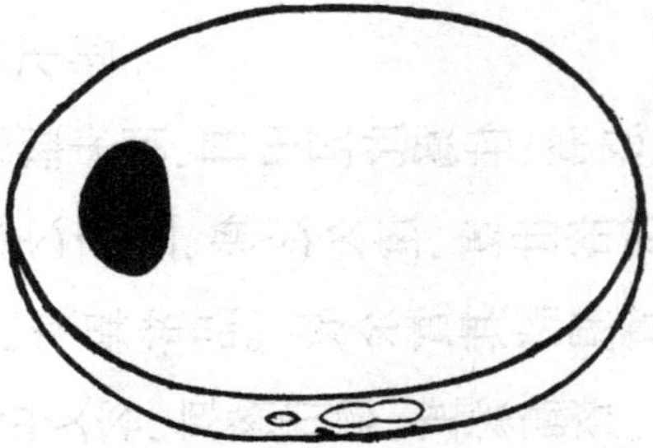

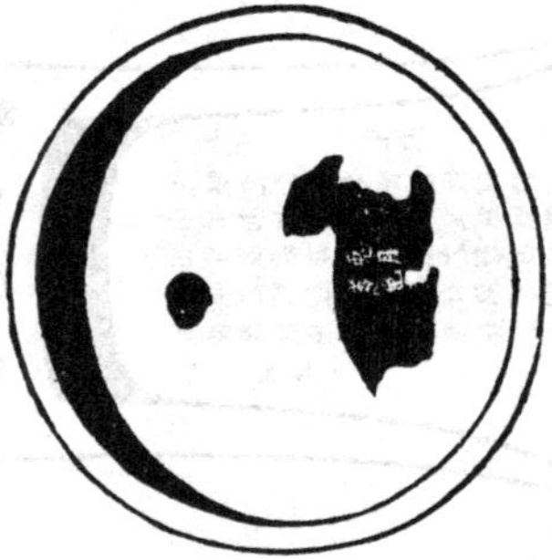

玉兔朝元硯

此爲細羅紋、刷絲歙石。圓徑六寸，高一寸五分。面有葱色兔月二像，巧若畫成，更無凹凸以湊形似，真五代前物也。名曰玉兔朝元硯。傍刻建中靖國元年改製，下刻篆書：一拳石兮呈祥，俾翰墨兮增光。出煨燼兮不敗，伊蘇民兮其昌。張九成識。又二行云：子子孫孫，永古用之。

三角子石硯

天成三角子石硯，方廣四寸許，厚寸許，名曰三角子石硯。其色青黑，光膩發墨，乃龍尾石也。

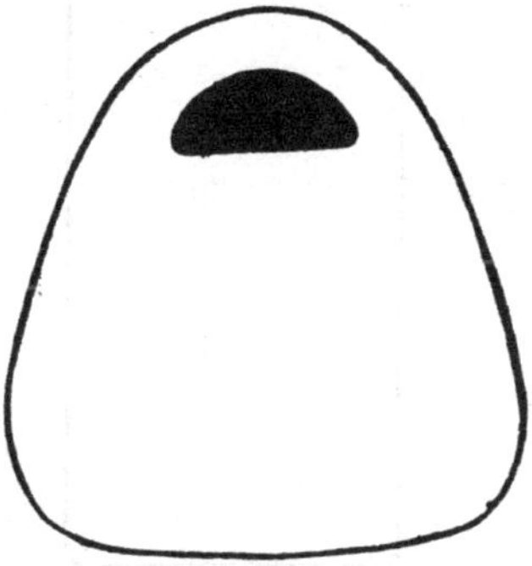

天成風字玉硯

混成蒼玉一塊，如風字形，方廣七寸，厚二寸，上平下瓦空起，插手磨處微凹。雖巧匠琢磨，無此周緻。人或疑其假借處有之，然而出水皮色紋理，毫忽不破，中含粉葱美玉，豈人工可與力哉。天巧如此，令人玩不忍釋。

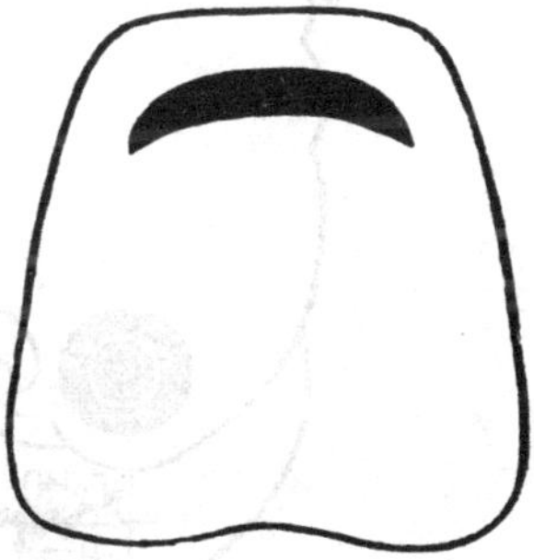

碧玉圭硯

此碧玉圭形，長七寸許，厚一寸，四面土秀黄剥，纏滿隙處，并後露半體，乃波菜緑色，爲絶品碧玉。上有水池，四面光瑩。此誠秦漢物也。

古瓦鶯硯

此古片瓦之半，就形琢爲鶯硯，其製甚佳。質細而堅，半厚半薄。長七寸，闊四寸。尾上有「元章」二字，上扣米氏印章。

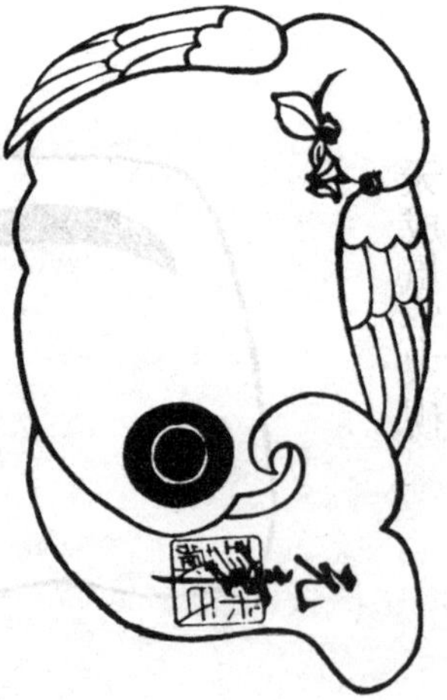

天然龍尾石段硯

此龍尾石塊，爲天生形製，無可容墨，後人琢平底面，四傍皆天生石紋如圖。長六寸，闊三寸，中厚一寸有多，下有「烏玉」二字。

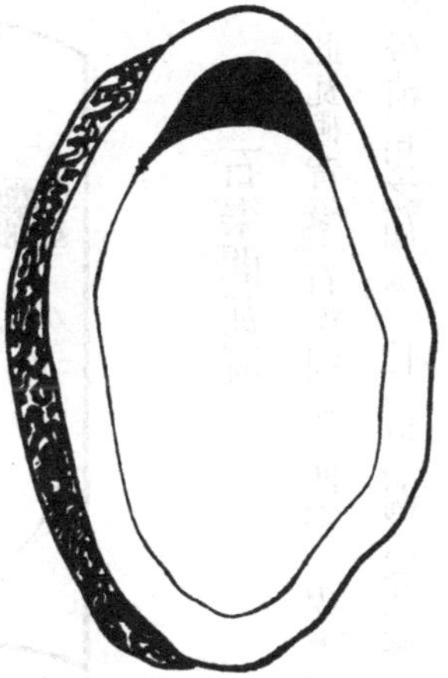

八棱澄泥硯

此唐之澄泥硯也。以泥水澄瑩，燒而爲硯，品硯以爲第一，因其質細如石，用堅如玉故耳。方廣九寸，厚二寸。下有篆字「明理宣跡，平水圖璧，建武庚子」，共十二字。上水池外皆海水波浪，中躍鯉奔馬二物，刻法精妙，刀痕隱然，真稀世物也。

石渠閣瓦硯

此瓦硯背篆「石渠閣瓦」四字。硯上有銘。質堅聲清，扣之如玉。長一尺，闊六寸，厚一寸。後傍又書云：「嘉靖五年改製。」下有小印。

德壽殿犀紋石硯

此爲天生，石面儼肖犀紋，毫無雕琢，亦且平整。中開瓶式，貯水用墨。後刻「德壽殿」字，下有御押。長八寸，闊四寸，厚一寸許。大印文曰「德壽殿書寶」。

天潢硯

此古歙石中段横截，白色如玉，儼若天潢，四面皆然。高三寸許，長九寸，闊可五寸。下有插手空處。

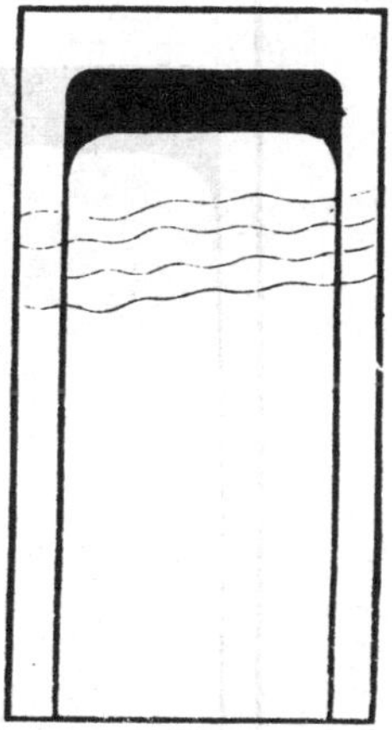

豆斑石硯

此歙之豆斑石也。高寸許，長七存，闊三寸餘。色微黄緑。滿面豆瓣，大小不等，有數暈者，有緑色黄沉香色者，光膩細滑，形色可愛。

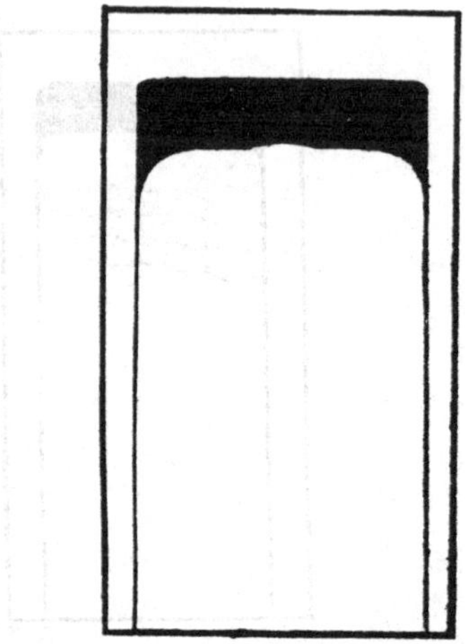

洮河緑石硯

此洮河緑石硯也。光細如玉，無少差異，惟不及玉之堅耳。色如新緑，葱翠可愛。以之方碧，碧沉而深；以之方萊，萊淡而不艷。真硯中寶也。

靈壁山石硯

此靈壁山石，面平如畫形，可以受墨。傍背皆天生皺文。長七寸許，高三寸，上尖中肥下斂，置之几上甚穩。

龍尾石筒瓦硯

此龍尾石硯。琢如筒瓦之形，面上銘刻如圖，下有「萬卷樓」三篆字。長六寸，闊三寸，高三寸有多。石色青墨如玉。萬卷樓

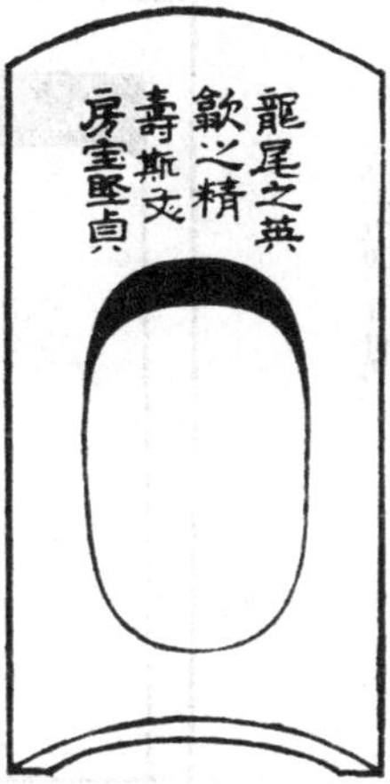

未央宮磚頭硯

此未央宮磚頭硯也。色黃黑，形如腎。長陸寸，闊四寸，厚一寸。扣之聲清而堅。上有「海天初月」四字。建安十五年 長條陽字。

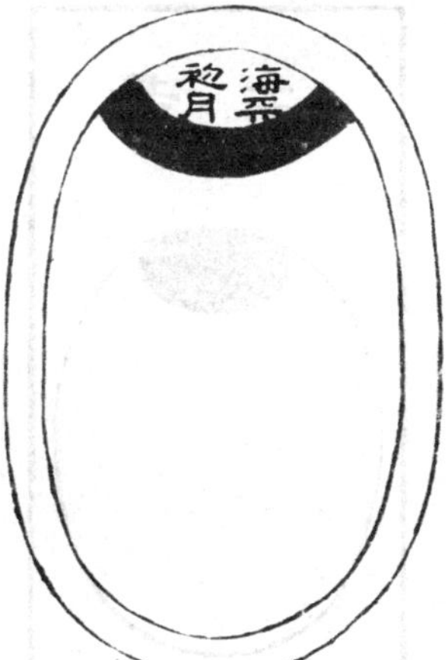

綠端石硯

此綠端石硯。背有周幼海銘，上篆「綠玉」二字。長七寸，厚二寸，闊五寸。色溫然如玉，扣之鏗然。琭亞於斯翁，傳輦轂。取端友，質清穆。搜粵池，剖結綠。慎砥礪，華翰牘。宣素悰，沛玄沐。綿世守，衍芬郁。吳郡周天球銘。

興和磚硯

此魏時磚硯。質細聲堅，扣之如金石然。長九寸，厚二寸許，闊四寸。色黃，淡如沉香。背一方內篆：「大魏興和年造。」又一方有異獸奮翼者，止半其形，想磚大而得其半也。

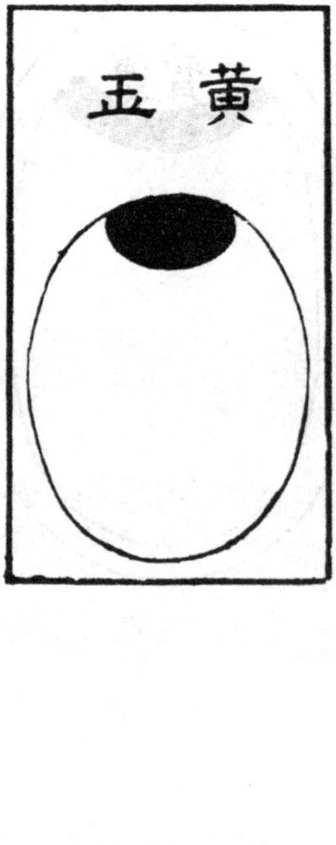

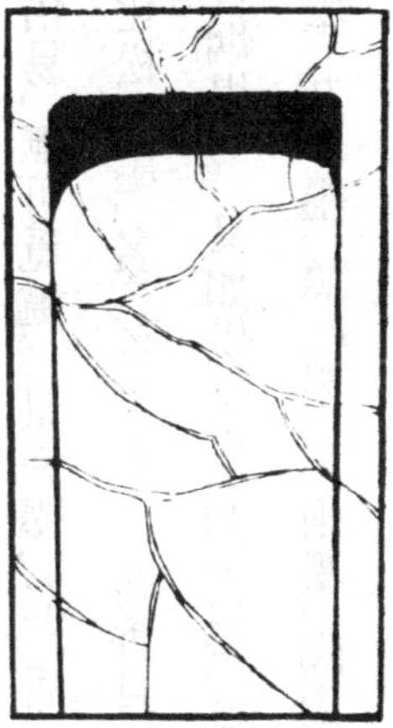

銀絲石硯

此銀絲石硯，長五寸，闊寸半，高一寸許。石色如漆，上有銀絲紋如畫，横經石中。温潤如玉，呵氣成水。《硯譜》不録，此必歙石龍尾石類也。特甚可愛。

高似孫硯箋諸式

鳳池硯　玉堂硯　玉臺硯　蓬萊硯　圭硯　辟雍硯　房相硯　郎官硯　風字硯　鼎硯　人面硯　曲水硯　八棱硯　四直硯　院硯　蓮葉硯　馬蹄硯　鳳池硯　圓池硯　天硯　玉環硯　舍人硯　水池硯　大師硯　蟾硯　東坡硯　都堂硯　内相硯　葫蘆硯　鏊硯　隻履硯　雙履硯　月池硯　方池硯　笏硯　斧形硯　瓢硯　璧硯

續硯式

琴硯　鷹揚硯　鶩硯　山字硯　太極硯　箕硯　漢壺硯　鳳咮硯　松段硯　山石硯

論　墨

高子曰：古之尚墨，若徐鉉墨名「月團」，價值三萬。唐玄宗墨名「龍香」，劑致墨精幻形。李廷珪龍紋墨、雙脊墨，千古稱絶。漢時月給尚書令渝糜大墨。范丞相一墨，表曰「五劍堂造」，裏曰「天關第一煤」。金章宗蘇合油烟墨，後欲得之者，以黄金倍易，無可覓處。景焕墨，名「香璧副墨子」。五代時，有朱君得柴珣小墨。韓熙載化松堂墨，名「玄中子」、「麝香月」、「龍煤」。張遇造易水貢墨。懷民遺東坡墨，名「青烟煤」。又如供堂墨，淵雲墨，兑州陳朗墨。元有潘雲谷墨、松丸墨、狻猊墨、松烟墨、九子墨、魚吐墨、天雨墨、陽山石墨、化塹墨、浮提國金壺墨、雷公墨。又若仲將之墨，一點如漆等類，皆古名墨也。

若今世所尚，以羅小華爲最，羅之墨固善矣。余所見國初查文通、龍忠迪墨、碧天龍氣墨、水晶宫墨、新安方正牛舌墨。石青填字，赤金爲衣者，蘇眉陽幼年所製，祖李遺法卧蠶小墨。世宗時，邵格之墨。如方于魯、寥天一、九玄、三極、國寶、非烟等墨，亦皆精品。前如汪中山翰史，初時製墨，質之佳美，不亞羅墨。其精品，以豆瓣楠爲匣，内用朱漆，簽以印款，表曰太極、兩猊、三猿、四象、五雀、六馬、七鷴、八仙、九鸞、十鹿，皆以鳥獸取義。又有玄香太守小長墨四種：一曰堯文，二曰卧蠶，三曰亞字，四曰玉階；有客卿四種小元墨：曰太極，曰八卦，曰圓璧，曰瓊樓；有松滋侯四種小方墨：一亞字，二維文，三九雲，四螭環；有墨梃、墨柱。余先得其數種試之，質輕烟紫，可謂九玄、三極矣，似在羅上，其神品也。今人所見，皆其次品，式樣雖一，而墨質不佳。又如二十八宿元墨，更其下矣。故名即湮没不傳。至後墨印尚存，而墨質愈下，特爲中山表焉。余爲典客時，高麗使者饋墨，上有梅花印紋，其墨色甚黑而濃厚。

以余論之，墨之妙用，質取其經，烟取其青，嗅之無香，磨之無聲，新硯新水，磨若不勝。言不可用力磨也。忌急則熱，熱則沫生。用則旋硯，硯無久停。塵埃污墨，膠力泥凝。用過則濯，墨積勿盈。藏久膠宿，墨用乃精。用墨之法，無出余數語也。若治墨之精，模式之巧，方于魯所刻《墨譜》，似盡善也。奇哉！方之墨哉。客曰：「墨惟適用足矣，何以奇爲？」噫！匪好奇也。墨品精者，不特於今爲佳，存於後世更佳；不特詞翰藉美於今，更藉傳美於後。若晉唐之書，宋元之畫，傳數百年，墨色如漆，書畫神氣，賴墨以全。若墨之下品，用濃見水則沁散湮污，用淡重褙則神氣索然，未及數年，墨迹以脱。由此觀之，則墨之爲用，果好奇也？知此則可與言墨矣。故李廷珪詩云：「贈爾烏玉玦，清泉硯須潔。避暑懸葛囊，臨風度梅月。」其寶惜可知。又云：「墨藏石灰中，過梅不黴。」是亦一法。

附硃墨法

法用好辰砂一兩三，紅硃二兩，用秦皮水煮膠，清浸七日夜，傾去膠之清水，於日色漸漸曬至乾濕得所，以墨印印之，硯中研用甚佳。一法：以花朱同膸黄磨點，或用白笈磨者亦妙〔四〕。

論紙

高子曰：上古無紙，用汗青者，以火炙竹，令汗出取青，易於作書。至漢蔡倫始製紙，爲萬世利也。初搗魚網爲紙，曰網紙；以布作者，曰麻紙；以樹皮作者，曰穀紙。蜀有凝光紙、雲藍箋、花葉紙、十色薛濤箋，名曰蜀箋。有側理紙、松花紙、流沙紙、彩霞金粉龍鳳紙、綾紋紙、短帘白紙、硬黄紙、布紙、縹紅紙、青赤緑桃花箋、藤角紙、縹紅麻紙、桑根紙、六合箋、魚子箋、苔紙。建中年有兒女青紙、卯紙。宋有澄心堂紙、蠟黄藏經箋、白經箋、碧雲春樹箋，有龍鳳印邊三色内紙，有印金團花并各色金花箋紙，有藤白紙、研光小本紙。李僞主造會府紙，長二丈，闊一丈，厚如繒帛數重。陶穀家藏有鄱陽白數幅，長如匹練。西山觀音帘紙、鵠白紙、蠶繭紙、竹紙、大箋紙。元有黄麻紙、鉛山紙、常山紙、英山紙、臨川小箋紙、上虞紙。又若子邑之紙，妍妙輝光，皆世稱也。

今之楚中粉箋、松江粉箋，爲紙至下品也，一黴即脱。陶穀所謂化化箋，此爾。止可用供溷材，一化也；貨之店中，包麵藥果之類，二化也。甚言紙之不堪用者類此。若今之大内細密灑金五色粉箋、五色大帘紙、灑金箋。有等白箋，堅厚如板，兩面砑光，如玉潔白。有印金花五色箋紙。又若磁青紙，如段素，堅韌可寶，多用寫泥金字經。有等藍色者，薄而不佳。高昌國金花箋，亦有五色，有描金山水圖者。高麗有綿繭紙，色白如綾，堅韌如帛，用以書寫，發墨可愛。有等皮紙，用以爲帘，爲雨帽，爲書夾，堅厚若油爲之，中國所無，亦奇品也。

近日可用作書者，吴中無紋灑金箋紙爲佳。松江近日譚箋，不用粉造，以荆川帘紙褙厚砑光，用蠟打各色花鳥，堅滑可類宋紙。又新安新造仿宋藏經箋紙亦佳。吴中近亦爲之，但不如宋箋抄成堅韌，如段帛有性，數百載流傳，尚有揭開受用。若今仿效者，紙性終脆，久黴糊懈必鬆。時尚花邊格子白鹿箋，用以作柬、寫詩甚便，其式余家有數十種。但白鹿紙以緑子水并槐黄水微煎印者雅甚；以青以紅，俱不佳也。又如蠟砑五色箋，亦以白色、松花色、月下白色羅紋箋爲佳，餘色不入清賞。兩人砑者精美，又不壞板。若用水濕一紙，以潤十紙砑者不佳。然以白蠟砑者受墨，蜜蠟者遇墨成珠，描寫不上，深可恨也。并録以共鑒賞。

造葵箋法

五六月，戎葵葉和露摘下，搗爛取汁。用孩兒白鹿堅厚者裁段，葵汁内稍投雲母細粉、明礬些少，和匀，盛大盆中，用紙拖染，挂乾，或用以砑花，或就素用。其色緑可人，且抱野人傾葵微意。

染宋箋色法

黄柏一斤，搥碎，用水四升，浸一伏時，煎熬至二升止聽用。橡斗子一升，如上法煎水聽用。胭脂五錢，深者方妙，用湯四碗，浸榨出紅。三味各成濃汁，用大盆盛汁。每用觀音帘堅厚紙，先用黄柏汁拖過一次，復以橡斗汁拖一次，再以胭脂〔五〕汁拖一次。更看深淺加減，逐張晾乾，可用。

染紙作畫不用膠法

紙用膠礬，作畫殊無士氣，否則不可着色。開染法：以皂角搗碎，浸清水中一日，用沙罐重湯煮一炷香，濾净調勾，刷紙一次，挂乾。復以明礬泡湯，加刷一次，挂乾。用以作畫，儼若生紙。若安藏三二月用，更妙。拆舊裱畫卷綿紙作畫甚佳，有則宜寶藏可也。

造捶白紙法

法取黄葵花根搗汁，每水一大碗，入汁一二匙攪匀，用此令紙不粘而滑也。如根汁用多，則反粘不妙。用紙十幅，將上一幅刷濕，又加乾紙十幅，累至百幅無礙。紙厚，以七八張相隔，薄則多用不妨。用厚板石壓紙，過一宿揭起，俱潤透矣。濕則晾乾，否則平鋪石上，用打紙捶敲千餘下，揭開晾十分乾。再疊壓一宿，又捶千餘捶，令發光與蠟箋相似方妙。余嘗製之，甚佳，但跋涉耳。

造金銀印花箋法

用雲母粉，同蒼术、生薑、燈草煮一日，用布包揉洗，又用絹包揉洗，愈揉愈細，以絶細爲佳。收時以綿紙數層，置灰缸上，傾粉汁在上湮乾。用五色箋，將各色花板平放，次用白芨調粉，刷上花板，覆紙印花紙上，不可重拓，欲其花起故耳，印成花如銷銀。若用薑黄煎汁，同白芨水調粉，刷板印之，花如銷金。二法亦多雅趣。

造松花箋法

槐花半升，炒焦赤，冷水三碗煎汁。用銀母粉一兩、礬五錢研細，先入盆内。將黄汁煎起，用絹濾過，方入盆中攪匀，拖紙以淡爲佳。文房用箋，外此數色，皆不足備。

論筆

高子曰：蒙恬創筆，以枯木爲管，以鹿毛爲柱，以羊毛爲被。所謂毫者，非今之竹兔也。故製筆之法，桀者居前，毳者居後，强者爲刃，軟者爲輔。參之以苘，束之以管，固以漆液，澤以海藻。濡墨而試，直中繩，勾中鈎，方圓中規矩，終日握而不敗，故曰筆妙。柳帖云：近蒙寄筆，出鋒太短，傷於勁硬。所要優柔，出鋒須長，擇毫須細，管不在大，副切須齊。齊則波切有憑，管小則運動有力，毛細則點畫無失，鋒長則洪潤自由。筆之玄樞，當盡於是。故筆偈曰：圓如錐，捺如鑿，只得入，不得却。言縛筆須緊，不令一毛吐出，即不堪用。又曰：心柱硬，覆毛薄，尖似錐，齊似鑿。故伯英之筆，窮神盡意，子雲稱之。漢末一筆之匣，雕以黄金，飾以和玉，綴以隋珠，文以翡翠，非文犀之楨，必象之管，豐狐之柱，秋兔之翰，則古人重筆之意殷矣。南朝有姥，善作筆，用胎髪爲心；開元中，筆匠名鐵頭，能瑩管如玉，今俱失傳。右軍《筆經》曰：諸郡毫，惟中山兔肥而毫長，可先用人髪杪數十莖，雜青羊毛并兔毳，裁令齊，以麻紙裹枝根，令治。次取上毫，薄布柱上，令柱不見。此皆古人格論。

若今之爲筆，所貴在毫，東郡以青羊毛爲之，雉尾爲蓋，五色可觀。有用豐狐毛、虎毛、鼠鬚、羊毛、麝毛、羊鬚、胎髪造者，皆不如兔毫爲佳。香狸毫次之。兔以崇山絶壑中者毫足，秋毫取健，冬毫取尖，春夏之毫則不堪矣。筆以尖、齊、圓、健爲德，毫堅則尖，毫多則色紫而齊。用茼貼襯得法，則毫束而圓；用以純毫，附以香狸，角水得法，則用久而健，此外無法。今人毫少而狸茼倍之，筆不耐寫，豈筆之咎哉？爲不用料耳。

余取杭人舊製笴尖筆椿最佳，後因湖州紮縛筆頭爲細腰葫蘆樣製，杭亦效之，最爲可恨。初寫似細，宜作小書，用後腰散，便成水筆，即爲棄物。杭筆不如湖筆得法，湖筆又以張天錫爲最，惜乎近無傳其妙者。然畫筆向以杭之張文貴首稱，而張亦不妄傳人。今則分而爲三，美惡無准，世業不修，似亦可惜。揚州之中管鼠心畫筆，用以落墨白描佳絶，水筆亦妙。

古之王者，以金管、銀管、班管爲筆紀功，其重筆如此。向有牙管、玳瑁管、玻璃管、鏤金管、緑沉漆管及棕竹、花梨、紫檀管等，此何意耳？以其爲可貴耳。如持用便〔六〕？惟取竹之薄標者爲管，筆之妙用盡矣，又何尚焉？

冬月以紙帛衣管，以避寒者，似亦難用，悉不取也。收筆以十月、正二月收者爲佳妙。筆書後，即入筆洗中滌去滯墨，則毫堅不脆，可耐久用。然須洗完即加筆帽，免挫筆鋒。收筆以黄連調輕粉蘸筆頭，候乾收之，則筆不蛀而毫純。又法：川椒、黄柏煎湯，磨松烟染筆藏之，亦可遠蛀。

古人重筆，用敗則葬。故趙光逢濯足襄漢溪上，見一方磚，上題：「髡友退鋒郎，功成鬢髪霜。冢頭封馬鬣，不敢負恩光。」後題「獨孤貞節立」。磚上積有苔痕。此蓋好事者葬筆所在。

論文房器具

高子曰：文房器具，非玩物等也。古人云：「筆硯精良，人生一樂。」余以所見，評之如左。

文具匣

匣製三格，有四格者，用提架總藏器具。非爲觀美，不必鑲嵌雕刻求奇，花梨木爲之足矣。亦不用竹絲蟠口鑲口，費工無益，反致壞速。如蔣製倭式，用鉛鈴口者佳甚。

硯匣

用古硯一方，以豆瓣楠、紫檀爲匣，或用花梨亦可。硯不在大，適中爲美，可入藏匣。再備朱硯一匣，故《硯譜》有雙履製者，爲便二色用也。硯以端、歙爲佳，或用白端石爲朱硯者，不耐久用，沾染不落，亦得舊石一方爲副始佳。

筆格

有玉爲山形者，爲卧仙者，有珊瑚者，有瑪瑙者，有水晶者，有刻犀者，匪直新製，舊做亦多。有宣銅鏒金雙螭挽格，精甚。余見哥窑五山、三山者，製古色潤。又見白定卧花哇哇，瑩白精巧；舊玉子母六猫，長七寸，以母横卧爲坐，以子猫起伏爲格，真奇物也，目中罕見。有古銅十二峰〔七〕頭爲格者，有銅螭起伏爲格者。余見友人有一老樹根枝，蟠曲萬狀，長止七寸，宛若行龍，鱗角爪牙悉備，摩弄如玉，此誠天生筆格。余齋一石，蟠曲狀龍，不假斧鑿，亦奇物也。可架筆三矢。

筆床

筆床之製，行世甚少。余得一古鎏金筆床，長六寸，高寸二分，闊二寸餘，如一架然，上可卧筆四矢。此以爲式，用紫檀、烏木爲之亦佳。

筆屏

宋人製有方玉、圓玉、花板，内中做法，肖生山樹禽鳥人物，種種精絶。此皆古人帶板、燈板，存無可用，以之鑲屏插筆，覺甚相宜。大者〔八〕長可四寸、高三寸者，余齋一屏如之，製此似無棄物。有大理舊石，儼狀山高月小者、東山月上者、萬山春靄者，皆余目見，初非紐捏，俱方不盈尺，天生奇物，實爲此具，作毛中書屏翰，似亦得所。

水注

有玉爲元壺方壺者，其花紋甚工。又見吴中陸子岡製白玉辟邪，中空貯水，上嵌青緑石片，法古舊形，滑熟可愛。有玉蟾蜍注，擬寶晋齋舊式者。古銅有青緑天雞壺，有金銀片嵌天鹿，妙甚。有半身鸕鷀杓，有鎏金雁壺，其類生無二，以兩足立地，口中出水。有江鑄眠牛，以牧童騎跨作注管。磁有官、哥方元水壺，有立瓜、卧瓜壺，有雙桃注，有雙蓮房注，有筆格内貯水兩用者，有牧童卧牛者，有方者。定窑之注奇甚，有枝葉纏繞瓜壺；有蒂葉茄壺；有駝壺，又可格筆；有蟾注；有青東磁天雞壺，底有一竅者。宣窑五采桃注、石榴注、雙爪注，彩色類生；有雙鴛注，有鵝注，工致精極，俱可入格。

筆洗

銅有古鎏金小洗，有青緑小盂，有古小釜，有小卮、匜。其五物，原非此製，今用作洗。玉有鉢盂洗、長方洗、玉環洗，或素或花，工巧擬古。磁有官、哥元洗，葵花洗，磬口圓肚洗，有四捲荷葉洗，有捲口蔗段洗，有縧環洗，有長方洗，類多，但以粉青紋片朗者爲貴。古龍泉有雙魚洗，有菊瓣洗，有鉢盂洗，百折洗。定窑有三箍圓桶洗，梅花洗，有中盞作洗，邊盤作筆覘者。有縧環洗，有方池洗，有柳斗元洗，有元口瓜棱洗，菊瓣洗，惟定洗多甚。宣窑有魚藻洗，有葵瓣洗，有磬口洗，有鼓様青剔白螭洗。近人多以洗爲杯，孰知厚捲口而匾淺者洗也，豈杯有此製？外此新作商銀流金銅洗。諸窑假均州紫緑二色洗與水中丞，多甚，製亦可觀，俱不入格。

水中丞

銅有古小尊罍，其製有敞口、元腹、細足，高三寸許，墓中葬物，今用作中丞者。余有古玉中丞，半受血侵，元口瓮腹，下有三足，大如一拳，精美特甚，古人不知何用。近有陸琢玉水中丞，其碾獸面錦地，與古尊罍同，亦佳器也。磁有官、哥瓮肚元者，有鉢盂小口式者，有瓜棱肚者。青東磁有菊瓣瓮肚元足者，定有印花長様如瓶，但口敞可以貯水者，有元肚束口三足者，有古龍泉窑瓮肚周身細花紋者，有宣銅雨雪沙金製法古銅瓿者，樣式美甚。近有新燒均窑，俱法此式，奈不堪用。

硯山

硯山始自米南宫，以南唐寶石爲之，圖載《輟耕録》，後即效之，不知此石存否？大率硯山之石，以靈壁應石爲佳，他石紋片粗大，絶無小樣曲折、屼嵂森聳峰巒狀者。余見宋人靈壁硯山，峰頭片段，如黄子久皴法，中有水池錢大，深半寸許，其下山脚生水一帶色白而起磥砢，若波浪然，初非人力僞爲，此真可寶。又見一將樂石硯山，長八寸許，高二寸，四面米粞包裹，而巒頭起伏作狀，此更難得。他如應石，近有佳者，天生四面，不加斧鑿，透漏花皺俱好，但少層疊巒頭、水池深邃，望之一拳石也。又若燕中西山黑石，狀儼應石，而崒屼巉岩、紋片皺裂過之，可作硯山者爲多，但石性鬆脆，不受激觸，多以此亂應石。有僞爲者，將舊磚雕鏤如寶晋齋式，用錐鑿成天生紋片，用芡實浸水煮如墨色，持以愚人，每得重價。然以刀刮山底，磚質即露。有等好事者，以新應石、肇慶石、燕石加以斧鑿，修琢岩竇，摩弄瑩滑，名曰硯山，觀亦可愛。

靈壁石硯山圖、將樂石硯山圖附左。

靈壁硯山

山色淡青，峰巒四起，邃有二層。中一水池，大若小錢，深可半寸，爲天生成。傍一小池，高二寸八分，長六寸，厚二寸許。下有「元章」二字。山足天生水波一帶，若浸山於中，其水脚，色白黃相映，四面皆然。

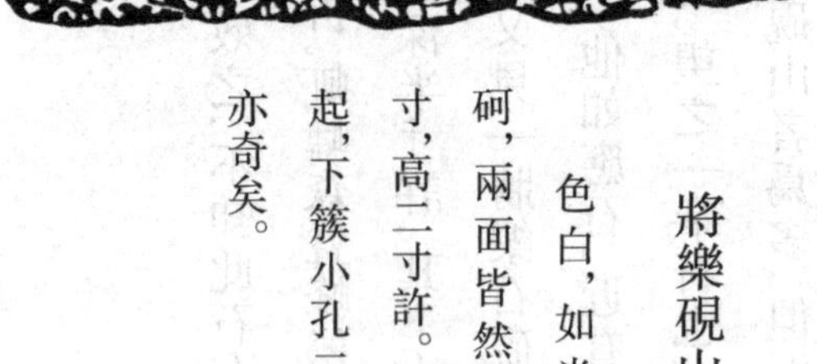

將樂硯山

色白，如米粞碟砢，兩面皆然。長八寸，高二寸許。巒頭五起，下簇小孔二三，似亦奇矣。

印色池

印色池以磁爲佳，而玉亦未能勝也，故今官、哥窑者貴甚。余見二窑印池，方者尚有十數，四八角并委角者，僅見一二，色亦不佳。余齋有三代玉方池，内外土銹、血侵四裹，不知何用，今以爲古玉文具中印池，似甚合宜。又見定窑方池佳甚，外有印花紋，此亦少者。有陸子岡做周身連蓋滚螭白玉印池，工緻侔古，今多效製。近日新燒有蓋白定長方印池，并青花白地純白磁者，此古未有，當多蓄之。且有長六七寸者，甚佳。

印色方

麻油二斤　牙皂角三個　蓖麻仁半斤，去殼取仁搗爛　花椒四十粒，取色不變　籐黄一錢，取不落色　明礬五分，取其發亮　黄柏五分，助色　黄蠟五分　白蠟五分　胡椒三十五粒　辰砂二兩　二紅三兩　水花硃四兩右件，先將麻油同麻子熬數滚，再下皂角、二椒，熬至滴水成珠，方下蠟、礬等物，取起去渣，用蘄艾爲骨，加三朱拌紅爲度。

雅尚齋印色方

京師蓖麻油，較菜油價賤，取回壇裝，埋土内三二年用，色白如冰。每用斤數，大日内翻曬至熟，次下黄蠟一錢，白礬末一錢，白芨末二錢，金箔沙細五十片，入瓶聽用。將舊坑豆瓣朱砂研至極細，用水飛過三五次，去黄標與末後砂脚，只用中間水飛細者，入粗碗中，用燒酒傾入，微火煮一炷香，隨其色變，酒乾取起，將朱又研如麪，方和前油，拌艾入匣，愈久愈紅，不變黑色。油取曬熟，至久不乾。其胚用真正蘄艾，搓揉百次，仍煮數遍，務去黑星，一點不存，如綿絮然方用。此至妙秘法，刻同鑒家共之。

糊斗

用銅者爲佳，以便出洗。有古銅小提卣，如一拳大者，上有提梁索股，有蓋，盛糊可免鼠竊。又有古銅元瓮，肚如酒杯式，下乘方座，且體厚重，不知古人何用，今以爲糊斗似宜。有建窑外黑内白長罐，定窑元肚，并蒜蒲長罐，俱可作糊斗。又見哥窑方斗如斛，中置一梁，亦可充此。又見古銅三箍長桶，下有三足，高二寸許，甚宜盛糊。

法糊方

白麵一斤，浸三五日，候酸臭作過，入白芨麵五錢，黄蠟三錢，白芸香三錢，石灰末一錢，官粉一錢，明礬二錢。用花椒一二兩煎湯，去椒，投蠟、礬、芸香、石灰、官粉熬化，入麵作糊，粘褙不脱。又法：以麵一斤，入白芨末二兩，豆粉五钱[九]，亦妙。

鎮紙

有古銅青綠蝦蟆虛置銅坐，重有斤餘；又有虎蹲銅坐，一塑鑄者，乃上古物也。且見必成對，壓紙妙甚。有古銅坐卧哇哇亦佳。有古銅蹲螭、眠龍〔一〇〕，有鎏金辟邪、卧馬，有大銅虎，遍身青綠，重三二斤者，用以壓書。玉有古彘，古人用以掙肋殉葬者，每見二條。有白玉獵狗，有卧螭，有大樣坐卧哇哇，有玉兔、玉牛、玉馬、玉鹿、玉羊、蟾蜍、日月瑪瑙石鼓、柏枝、瑪瑙蹲虎、水晶石鼓、酒黄水晶眠牛、捧瓶玻斯，其做法精妙如畫，皆宋物也。有哥窑蟠螭，有青東磁獅鼓，白定哇哇、狻猊。余自燕中得玉蟾二枚，其背斑點如洒墨，色同玳瑁，無黄暈，儼若蝦蟆背狀，肚下純白，其製古雅肖生，用爲鎮紙，摩弄可愛。又見紅綠瑪瑙二大蟹，可謂絶奇。有白玉瑪瑙辟邪，長三四寸者，皆鎮紙佳品。

壓尺

有玉作尺，余見長二尺，厚六分，闊一寸五分者。人云尺璧爲寶，然玉有徑二三尺者，一時同見。有二尺長玉如意，三尺六寸長玉劍，皆奇貨也。有玉碾雙螭尺。有以紫檀烏木爲之，上用古做蹲螭玉帶、抱月玉走獸爲鈕者。又見倭人鏒金銀壓尺，古所未有，尺狀如常，上以金鏒雙桃，銀葉爲鈕，面以金銀鏒花，皆絲環細嵌，工緻動色；更有一竅透開，内藏抽斗，中有刀錐、鑷刀、指銼、刮齒、消息、挖耳、剪子，收則一條，挣開成剪。此製何起？豈人心思可到。謂之八面埋伏，盡於斗中收藏，非倭其孰能之？余以此式令潘銅仿造，亦妙，潘能得其真傳故耳。論尺無過此者。有金銀石嵌秘閣、界尺、圖匣、文具等物，終是不雅。有竹嵌尺傍四轉，内以黄楊、烏木、紫檀、象牙挽嵌如意，形製雖工，久則必敗。

圖書匣

有宋剔紅三撞者、二撞者，有罩蓋者。新剔紅黑二種，亦有二撞者，但方匣居多。有填漆者，有紫檀雕鏤鑲嵌玉石者，有古人玉帶板、燈板鑲匣面者。有倭匣，四子、六子、九子，每子匣内，藏以漢人玉章一方，或藏銀章，替下藏以寶石、琥珀、官窑青東磁、舊人圖書，爲傳玩佳品。若常用，以豆瓣楠爲佳。新安製有堆漆描花蚼嵌圖匣，精者可愛。近日市者惡甚。又如黑漆描花方匣，何文如之，亦堪日用。

秘閣

秘閣有以長樣古玉璏爲之者甚多，而雕花紫檀者，亦常有之。近有以玉爲秘閣，上碾螭文、卧蠶、梅花等樣，長六七寸者，有以竹雕花巧人物爲之者，亦佳。而倭人黑漆秘閣如圭，元首方下，闊二寸餘，肚稍虚起，恐惹字墨，長七寸，上描金泥花樣，其質輕如紙，此爲秘閣上品。

貝光

多以貝螺爲之，形狀亦雅，但手把稍大，不便用使。余得一古玉物，中如大錢，元泡高起半寸許，傍有三耳可貫，不知何物，余用爲貝光，雅甚。又見紅瑪瑙製爲一桃，稍匾，下光砑紙，上有桃葉枝梗，此亦爲砑而設。水晶玉石，當仿爲之。

裁刀

姚刀之外，無可入格。余有古刀筆一把，青緑裹身，上尖下環，長僅盈尺。古人用以殺青爲書，今入文具，似極雅稱。近有崇明裁刀，亦佳。

書燈

有〔一二〕古銅駝燈、羊燈、龜燈、諸葛軍中行燈、鳳龜燈，有元燈盤。定窑有三臺燈檠，宣窑有兩臺燈檠，俱堪書室取用。又見青緑銅荷一片，檠駕花朵坐上，想取古人金荷之意，用亦不俗。古有燭奴，即今鑄波斯作燭臺者是也，似不堪供。

筆　覘

有以玉碾片葉爲之者。古有水晶淺碟，亦可爲此。惟定窑最多匾坦小碟，宜作此用，更有奇者。

墨　匣

以紫檀、烏木、豆瓣楠爲匣，多用古人玉帶花板鑲之。亦有舊做長玉螭虎、人物嵌者爲最，有雕紅黑漆匣亦佳。

蠟　斗

古人用以炙蠟緘啟，銅製，頗有佳者，皆宋元物也。今雖用糊，當收以備數。

筆船

有紫檀、烏木，細鑲竹篾者，精甚。又以牙、玉爲之者，亦佳。此與直方并用，不可缺者。

琴劍

琴爲書室中雅樂，不可一日不對。清音居士談古，若無古琴，新琴亦須壁懸一床。無論能操，總不善操，亦當有琴。淵明云：「但得琴中趣，何勞弦上音。」吾輩業琴，不在記博，惟知琴趣，貴得其真。若《亞聖操》、《懷古吟》，志懷賢也；《古交行》、《雪窗夜話》，思尚友也；《漪蘭》、《陽春》，鼓之宣暢布和；《風入松》、《御風行》，操致涼颸解愠；《瀟湘水雲》、《雁過衡陽》，起我興薄秋穹；《梅花三弄》、《白雪操》，逸我神游玄圃；《樵歌》、《漁歌》，鳴山水之閑心；《谷口引》、《扣角歌》，抱烟霞之雅趣。詞賦若《歸去來》、《赤壁賦》，亦可以詠懷寄興。清夜月明，操弄一二，養性修身之道，不外是矣。豈以絲桐爲悦耳計哉？

自古各物之製，莫不有法傳流，獨鑄劍之術，不載典籍，故今無劍客，而世少名劍。以劍術無傳，且刀便於劍，所以人知佩刀而不知佩劍也。吾輩設此，總不能用以禦暴敵强，亦可壯懷志勇。不得古劍，即今之賓劍，如雲南製者，懸之高齋，俾豐城隱氣，化作紫電白虹，上燭三台斗垣，令熒熒夜光，爍彼欃槍彗孛，不敢横焰逞色，豈果迂哉！

香几

書室中香几之製有二：高者二尺八寸，几面或大理石、岐陽瑪瑙等石；或以豆柏楠鑲心，或四入角，或方，或梅花，或葵花，或慈菰，或圓爲式；或漆，或水摩。諸木成造者，用以閣蒲石，或單玩美石，或置香橼盤，或置花尊以插多花，或單置一爐焚香，此高几也。若書案頭所置小几，惟倭製佳絶。其式一板爲面，長二尺，闊一尺二寸，高三寸餘，上嵌金銀片子花鳥，四簇樹石。几面兩横，設小檔二條，用金泥塗之。

下用四牙、四足，牙口鋈金，銅滚陽線鑲鈐，持之甚輕。齋中用以陳香爐、匙瓶、香合，或放一二卷册，或置清雅玩具，妙甚。今吴中製有朱色小几，去倭差小，式如香案。更有紫檀花嵌，有假模倭製，有以石鑲，或大如倭，或小盈尺。更有五六寸者，用以坐烏思藏鋈金佛像、佛龕之類，或陳精妙古銅，官、哥絶小爐瓶，焚香插花，或置三二寸高天生秀巧山石小盆，以供清玩，甚快心目。

書齋清供花草六種入格

春時用白定、哥窑，古龍泉、均州鼓盆，以泥沙和水種蘭，中置奇石一塊。夏則以四窑方圓大盆，種夜合二株，花可四五朵者，架以朱几，黄萱三二株，亦可看玩。秋取黄蜜二色菊花，以均州大盆，或饒窑白花圓盆種之。或以小古窑盆，種三五寸高菊花一株，傍立小石上几。冬以四窑方圓盆，種短葉水仙，單瓣者佳。又如美人蕉，立以小石，佐以靈芝一顆，須用長方舊盆始稱。六種花草，清標雅質，疏朗不繁，玉立亭亭，儼若隱人君子，置之几案，素艷逼人，相對啜天池茗，吟本色古詩，大快人間障眼。

外此無多可入清供。

論香

高子曰：古之名香，種種稱異。若蟬蠶香，交趾所貢，唐禁中呼爲瑞龍腦。茵犀香，西域獻，漢武帝用之煮湯辟癘。石葉香，魏時題腹國貢，狀雲母，辟疫。百濯香，孫亮四姬四氣衣香，百濯不落。鳳髓香，穆宗藏，真島出〔一二〕，焚之崇禮。紫述香，《述異記》云：又名麝香草。都夷香，《洞冥記》云：香如棗核，食之不饑。荼蕪香，香出波弋國中，侵地則土石皆香。辟邪香，瑞麟香，金鳳香，皆異國所貢，公主乘出，挂玉香囊中，則芬馥滿路。月支香，月支國進，如卵，燒之辟疫百里，焚香九月不散。振靈香，《十洲記》云：聚〔一三〕窟州有樹如楓葉，香聞數百里。返魂香，五名香，驚精香〔一四〕，返生香，却死香，尸埋地下者，聞之即活。千畝香，《述異記》云：以林名香。䱇齊香，出波斯國，香氣入藥，治百病。龜甲香，《述異》云：即桂香之善者。兜末香，《本草拾遺》曰：武帝西王母降燒是香。沉光香，《洞冥記》云：塗魂國貢，燒之有光。沉榆香，黄帝封禪焚之。蘅蕪香，李夫人受漢武帝。百蘊香，遠條館祈子，焚以降神。月麟香，元宗愛妾號袠〔一五〕裹春。辟寒香，焚之可以辟寒。龍文香，武帝時外國進香。千步香，南郡所貢。薰肌香，薰人肌骨，百病不生。九和香，《三洞珠囊》曰：玉女擎玉爐焚之。九真香，清水香，沉水香，皆昭儀上姐飛燕香也。罽賓國香，楊牧席間焚香，上如樓臺之狀。拘物頭花香，拘物頭國進，香聞數里。升霄靈香，唐賜紫尼，焚之升遐。祇精香，出塗魂國，焚之鬼魅畏避。飛氣香，《三洞》曰：真人所燒。金磾香，金日磾造香薰衣，以辟胡氣。五枝香，燒之十日，上徹九重之天。千和香，蛾嵋山孫真人焚之。兜婁婆香，《楞嚴經》云：浴處焚之，其炭猛烈。多伽羅香，多摩羅跋香，釋氏會安曰：即根香、藿香。大象藏香，因龍鬥而生，若燒一丸，興大光明，味如甘露。須牛頭旃檀香，《華嚴經》曰：從離垢出以塗身。羯布羅香，《西域記》云：樹如松，色如冰雪。曼那華香，闍提華香，青赤蓮香，華樹香，果樹香，拘鞞陀羅樹香，曼陀羅香，殊沙華香，象香，馬香，男香，女香，皆出《法華經》中。明庭香，明天發日香，出胥陀寒國。〔一六〕迷迭香，出西域，焚之去邪。必栗香，《内典》云：焚去一切惡氣。木蜜香，焚之辟惡。藒車香，《本草》云：焚之去蛀，辟臭病。刀圭第一香，昭宗賜崔胤一粒，焚，終日旖旎。乾鏈香，江西山中所出。曲水香，香盤印文，似曲水像。鷹嘴香，番牙與舶主贈香，焚之辟疫。乳頭香，曹務光理趙州，用盆焚，云財易得，佛難求。助情香，明皇寵妃，含香一粒，助情發興，筋力不倦。夜酣香，迷樓所焚。水盤香，出舶上，上刻山水佛象。都梁香，《荆州記》云：都梁山上有水，水中生之。雀頭香，荆襄人謂之莎草根。龍鱗香，䥫香香薄者，其香尤勝。白眼香，和香用之。平等香，僧人貨香於市，無貴賤貧富皆一價也，故云。山水香，王旭奉道士於山中，月給焚香，謂之山水香。三匀香，三物煎成，焚之有富貴氣，香亦清妙。伴月香，徐鉉月夜露坐焚之，故名。此皆載之史册，而或出外夷，或製自宫掖，其方其料，俱不可得見矣。

余以今之所尚香品評之：妙高香、生香、檀香、降真香、京線香，香之幽閑者也。蘭香、速香、沉香，香之恬雅者也。越鄰香、甜香、萬春香、黑龍挂香，香之温潤者也。黄香餅、芙蓉香、龍涎餅、聚仙香[一七]，香之佳麗者也。玉華香、龍樓香、撒馥蘭香，香之蘊藉者也。棋楠香、唵叭香、波律香，香之高尚者也。幽閑者，物外高隱，坐語道德，焚之可以清心悦性。恬雅者，四更殘月，興味蕭騷，焚之可以暢懷舒嘯。温潤者，晴窗拓帖，揮麈閑吟，篝燈夜讀，焚以遠辟睡魔，謂古伴月可也。佳麗者，紅袖在側，密語談私，執手擁爐，焚以薰心熱意，謂古助情可也。蘊藉者，坐雨閉關，午睡初足，就案學書，啜茗味淡，一爐初爇，香靄馥馥撩人，更宜醉筵醒客。高尚者，皓月清宵，冰弦戛指，長嘯空樓，蒼山極目，未殘爐爇，香霧隱隱繞簾，又可祛邪辟穢。黃暖閣、黑暖閣、官香、紗帽香，俱宜爇之佛爐。聚仙香、百花香、蒼术香、河南黑芸香，但〔一八〕可焚於臥榻。客曰：「諸香同一焚也，何事多岐？」余曰：「幽趣各有分別，薰燎豈容概施？香僻甄藻，豈君所知？悟入香妙，嗅辨妍媸。曰余同心，當自得之。」一笑而解。

焚香七要

香爐　官、哥、定窑，豈可用之平日？爐以宣銅、潘銅、彝爐、乳爐，如茶杯式大者，終日可用。

香盒　用剔紅蔗段錫胎者，以盛黃黑香餅。法製香磁盒，用定窑或饒窑者，以盛芙蓉、萬春、甜香。倭香盒三子五子者，用以盛沉速蘭香、棋楠等香。外此香撞亦可。若游行，惟倭撞帶之甚佳。

爐灰　以紙錢灰一斗，加石灰二升，水和成團，入大灶中燒紅取出，又研絶細，入爐用之，則火不滅。忌以雜火惡炭入灰，炭雜則灰死不靈，入火一蓋即滅。有好奇者，用茄蒂燒灰等説，太過。

香炭墼　以雞骨炭碾爲末，入葵葉或葵花，少加糯米粥湯和之，以大小鐵塑捶擊成餅，以堅爲貴，燒之可久。或以紅花楂代葵花葉，或爛棗入石灰和炭造者亦妙。

隔火砂片　燒香取味，不在取烟。香烟若烈，則香味漫然，頃刻而滅。取味則味幽香馥，可久不散，須用隔火。有以銀錢、明瓦片爲之者，俱俗不佳，且熱甚，不能隔火。雖用玉片爲美，亦不及京師燒破沙鍋底，用以磨片，厚半分，隔火焚香妙絶。燒透炭墼，入爐，以爐灰撥開，僅埋其半，不可便以灰擁炭火。先以生香焚之，謂之發香，欲其炭墼因香爇不滅故耳。香焚成火，方以箸埋炭墼，四面攢擁，上蓋以灰，厚五分，以火之大小消息，灰上加片，片上加香，則香味隱隱而發，然須以箸四圍直搠數十眼，以通火氣周轉，炭方不滅。香味烈，則火大矣，又須取起砂片，加灰再焚。其香盡，餘塊用瓦盒收起，可投入火盆中，薰焙衣被。

靈灰　爐灰終日焚之則靈，若十日不用則灰潤。如遇梅月，則灰濕而滅火。先須以别炭入爐暖灰一二次，方入香炭墼，則火在灰中不滅，可久。

匙箸　匙箸惟南都白銅製者適用，製佳。瓶用吴中近製，短頸〔一九〕細孔者，插箸下重不仆，似得用耳。余齋中有古銅雙耳小壺，用之爲瓶，甚有受用。磁者，如官、哥、定窑雖多，而日用不宜。

香　方

高子曰：余録香方，惟取適用。近日都中所尚，鑒家稱爲奇品者録之。製合之法，貴得料精，則香馥而味有餘韻，識嗅味者，知所擇焉可也。

玉華香方

沉香四兩　速香黑色者四兩　檀香四兩　乳香二兩　木香一兩　丁香一兩　郎胎六錢　唵叭香三錢　麝香三錢　冰片三錢　廣排草三兩，出交趾者妙　蘇合油五兩　大黄

五錢　官桂五錢　黄烟即金顔香，二兩　廣陵香用葉，一兩

右以香料爲末，和入合油揉匀，加煉好蜜再和如濕泥，入磁瓶，錫蓋蠟封口固，燒用二分一次。

聚仙香方〔二〇〕

黄檀香一斤　排草十二兩　沉速香各六兩　丁香四兩　乳香四兩，另研　郎胎三兩

黄烟六兩，另研　合油八兩　麝香二兩　欖油一斤　白芨麵十二兩　蜜一斤

已上作末爲骨，先和上竹心子，作第一層，趁濕又滾檀香、二斤排草、八兩沉香各〔二一〕半斤爲末作滾第二層，成香，紗篩晾乾。都中自製，每香萬枝，工銀二錢，竹棍萬枝，工銀一錢二分，香袋紫龍力紙，每百足數五錢。

沉速香方

用沉速、五斤檀香、一斤黄烟、四兩乳香、二兩唵叭香、三兩麝香、五錢合油、六兩白芨

麪、一斤八兩蜜一斤八兩和成滚棍。

黄香餅方

沉速香六兩　檀香三兩　丁香一兩　木香一兩　黄烟二兩　乳香一兩　郎胎一兩　唵叭三兩　蘇合油二兩　麝香三錢　冰片一錢　白芨麪八兩　蜜四兩

和劑，用印作餅。

印香方

黄熟香五斤　速香一斤　香附子　丁香各五兩〔二二〕　藿香　零陵香　檀香　白芷各六〔二三〕兩　茅〔二四〕香二斤　茴香一兩　甘松八兩　乳香一兩　沉香二兩　丁香一兩　馢香四兩　生香四兩　焰硝五分

共爲末，入香印印成焚之。

萬春香方

沉香四兩　檀香六兩　結香　藿香　零陵香　甘松各四兩　茅香四兩　丁香一兩　甲香五錢　麝香　冰片各一錢

用煉蜜爲濕膏，入磁瓶封固，焚之。

撒馡蘭香方

沉香三兩五錢　冰片二錢四分　檀香一錢　龍涎五分　排草鬚二錢　唵叭五分　撒馡蘭一錢　麝香五分　合油一錢　甘麻然二分　榆麵六錢　薔薇露四兩

印作餅燒，佳甚。

芙蓉香方

沉香一兩五錢　檀香一兩二錢　片速三錢　冰腦三錢　合油五錢　生結香一錢　排

草五錢　芸香一錢　甘麻然五分　唵叭五分　丁香二分　郎胎二分　藿香二分　零陵香二分　乳香一分　三奈一分　撒醂蘭一分　欖油一分　榆麪八錢　硝一錢

和印或散燒。

龍樓香方

沉香一兩二錢　檀香一兩三錢　片速五錢　排草二兩　唵叭二分　片腦二錢五分　金銀香二分　丁香一錢　三奈二錢四分　官桂三分　郎胎三分　芸香三分　甘麻然五分　欖油五分　甘松五分　藿香五分　撒醂蘭五分　零陵香一錢　樟腦一錢　降香二分　白豆蔻二分　大黄一錢　乳香三分　硝一錢　榆麪一兩二錢

印餅。散用蜜和，去榆麪。

黑香餅方

用料四十兩，加炭末一斤、蜜、四斤蘇合油、六兩　麝香、一兩白芨、半斤欖油、四斤唵叭四兩先煉蜜熟，下欖油化開，又入唵叭，又入料一半，將白芨打成糊，入炭末，又入料一半，然後入蘇合、麝香，揉匀印餅。

炒　香

近以蘇合油拌沉速，入火微炙，收起，乘熱以冰末撒上，入瓶收用，謂之法製。其香氣比常少濃，反失沉速天然雅味，恐知香者不取。

日用諸品香目

棋楠香，有糖結，有金絲結。糖結鋸開，上有油若飴糖，焚之，初有羊膻微氣。糖結黑白相間，黑如墨，白如糙米。金絲者，惟色黄，上有綹若金絲。惟糖結爲佳。黑角沉香，質重，劈開如墨色者佳，不在沉水，好速亦能沉也。片速香，俗名鯽魚片，雉雞斑者佳。有僞爲者。亦以重實爲美。唵叭香，一名黑香，以軟净色明者爲佳。手指可捻爲丸者妙甚。惟都中有之。鐵面香，生香，俗名牙香。以面有黑爛色者爲鐵面香，純白不烘焙者爲生香。其生香之味妙甚。在廣中價亦不輕。降真香，紫實爲佳，茶煮出油焚之。黃檀香，黃實者佳，茶浸，炒黃去腥。白膠香，有如明條者佳。茅山細梗蒼朮，句容茅山産，如猫糞者佳。蘭香，以魚子蘭蒸低速香、牙香，塊者佳。近以末香滚竹棍蒸者惡甚。安息香，都中有數種，俗名總曰安息。其最佳者，劉寉所製越鄰香、聚仙香、沉速香三種。百花香即下矣。龍挂香，有黃黑二品，黑者價高，惟内府者佳，劉寉所製亦可。甜香，惟宣德年製者清遠味幽可愛。燕市中貨者，壇黑如漆，白底上有燒造年月，每壇一斤三斤。有錫罩蓋罐子一斤一壇者方真。今亦無之矣。近名諸品，合和香料，皆自甜香改易頭面，別立名色云耳。芙蓉香，劉寉製妙。萬春香，内府香。龍樓香，内府香。玉華香，雅尚齋製也。黃暖閣，黑暖閣，劉寉製佳。黃香餅，王鎮住東院所製，黑沉色無花紋者佳甚。僞者色黃，惡極。黑香餅，都中劉寉二錢一兩者佳。前門外李家印各色花巧者亦妙。河南黑芸香，短束，城上王府者佳。京線香，前門外李家二分一分一束者佳甚。

金猊玉兔香方〔二六〕

用杉木燒炭六兩，配以栗炭四兩搗末，加炒硝一錢，用米糊和成揉劑。先用木刻狻猊、兔子二塑，圓混肖形，如墨印法，大小恁意。當獸口處開一斜入小孔，獸形頭昂尾低是訣。將炭劑一半入塑，中作一凹，入香劑一段，再加炭劑築完，將鐵線針條作鑽，從獸口孔中搠入，至近尾止，取起曬乾。狻猊用官粉塗身周遍，上蓋黑墨。兔子以絶細雲母粉膠調塗之，亦蓋以墨。二獸俱黑，内分黄白二色。每用一枚，將尾就燈火上焚灼，置爐内，口中吐出香烟。自尾隨變色樣：金猊從尾黄起，焚盡，形若金妝，蹲踞爐内，經月不敗，觸之則灰滅矣；玉兔形儼銀色，甚可觀也。雖非大雅，亦堪幽玩。其中香料美惡，隨人取用。或以前印香方取料，和以榆面爲劑，捻作小指粗段，長八九分，以獸腹大小消息，但令香不露出炭外爲佳。更有金蟾吐焰，紫雲捧聖，仙立雲中，種種雜法，内多不驗。即金蟾一方，不堪清賞，故不録。

香都總匣

嗜香者不可一日去香。書室中宜製撞三四格提匣，以鎖鑰啟閉〔二七〕，内藏諸品香物，更設磁盒、磁罐、銅盒、漆匣、木匣，隨宜置香，分布於都總管領，以便取用。須造子口緊密，勿令香泄爲佳，俾總管司香出入謹密。隨遇爇爐，甚愜心賞。

論琴

高子曰：琴者，禁也，禁止於邪，以正人心。故《記》曰，君子無故不去琴瑟。孔門之瑟，今則絶響，信可貴矣。古人鼓琴，起風雲而來玄鶴，通神明而阜民財者，以和感也。今徒存其器，古意則亡。歐陽公云器存而意不存者，此耳。

夫和而鳴者聲也，參叙相應者韻也。韻中成文，謂之爲音。故音之哀樂、邪正、剛柔、喜怒，發乎人心，而國之理亂，家之廢興，道之盛衰，俗之成敗，聽於音聲可先知也，豈他樂云乎？知琴者，以雅音爲正。按弦須用指分明，求音當取捨無迹，運動閑和，氣度温潤，故能操高山流水之音於曲中，得松風夜月之趣於指下，是爲君子雅業。豈彼心中無德，腹内無墨者，可與聖賢共語。世人悦於聽樂，而無味於琴者，悦其聲之淫耳。

樂用七音而二變，與宫徵聯用，故聲淫而悦耳。琴用五音，變法甚少，且罕聯用他調，故音雖雅正，不宜於俗。然彈琴惟三聲，散聲、按聲、泛聲是也。泛聲，應徽取音，不假按抑，得自然之聲，法天之音，音之清者也。散聲，以律呂應於地，弦以律調次第，是法地之音，音之濁者也。按聲，抑揚於人，人聲清濁兼有，故按聲爲人之音，清濁兼備者也。今人不究意旨，不親明師，不講譜法，不閑手勢，遂使聲之曲折，手之取音，緩急失宜，起伏無節，知聲而不知音，運指而不運意，奚取彈爲？有等務尚花巧急驟，誇奇逞高，不求法度準繩之中，有敷暢悠揚之妙，操多散聲，以類箜篌，巧取按聲，以同筝阮，大失雅音，重可笑耳。孰知散、按間出，清以泛聲，謂得中道。今之俗彈，更易不常，變樸爲澆，求異於人，不知法古，是爲抱琵琶而同伶人，豈古聖賢所謂修身養性，理其天真意哉？

臞仙琴壇十友

冰弦　玉軫　軫函　玉足　絨刓　琴薦　錦囊　琴床　琴匣　替指以鶴翎造，火烙爲之。

五音十二律應弦合調立成

弦　一二三四五六七
黃鐘　律　黃太姑林南黃太清清
音　宮商角徵羽少少宮商

右調弦按徽，以五音調法，慢三即慢角調也。黃清云者，黃鐘之輕清音也，如少宮少商之意，後例此。

弦　一二三四五六七
大吕　律　太夾仲夷無太夾清清
音　宮商角徵羽少少宮商

右調弦按徽同黃鐘。

弦　一二三四五六七
太簇　律　太姑蕤南應太姑清清

音　宮商角徵羽少少宮商

右調按弦徵同黃鐘。

弦　一二三四五六七

夾鐘　律　黃夾仲林無黃夾清清

音　宮商角徵羽少少宮商

右弦以十徽應四，緊七應散二，緊五以十徽應七，緊三以十徽應五，即今之清商調也。

弦　一二三四五六七

姑洗　律　太姑蕤夷應太姑清清

音　羽宮商角徵少少羽宮

右調按同夾鐘。

弦　一二三四五六七

仲呂　律　黃太仲林南黃太清清

音　徵羽宮商角少少徵角

右按調即今五音調法。

弦　一二三四五六七

蕤賓　律　太夾蕤夷無太夾清清

音　徵羽宮商角少少徵羽

右按調同仲呂。

弦　一二三四五六七

林鐘　律　太姑林南應太姑清清

音　徵羽宮商角少少徵羽

右調按同仲呂。

弦　一二三四五六七

夷則　律　黃夾仲夷無黃夾〔二八〕清清

音　角徵羽宮商少少角徵

右以夾鐘弦緊四，以十應二，即今慢宮調也。

弦　一二三四五六七

南呂　律　太姑蕤南應太姑清清

音　角徵羽宮商少少角徵

右調按徵〔二九〕同夷則。

弦　一二三四五六七

無射　律　黄太仲林無黄太清清

音　商角徵羽宮少少商角

右以仲吕弦加緊五，以十一徽應七，即今蕤賓調也。蕤賓自有正律，以無射爲蕤賓，俗名也。

弦　一二三四五六七

應鐘　律　太夾蕤夷應太夾清清

音　商角徵羽宮少少商角

右調按同無射。律有八十四調。琴該正調六十，變音二十四。是以按弦取聲，不可立調。

古琴新琴之辨

高子曰：琴惟仲尼、列子二式爲古製，餘皆後世式樣。凡觀古琴，先觀漆水。漆光退盡，儼若烏玉，按之堅瑩如冰〔三〇〕，上發斷紋，肖梅花紋者爲最，牛毛紋者次之，蛇腹紋者爲下品也，且易僞爲。僞法以火逼熱，以雪罨上，隨暴成裂，儼若蛇腹，寸許相去一條。或以雞子清入灰作琴，用甑蒸之，懸於風日燥處，亦能斷紋，少細。又僞作牛毛斷者，以數針劃絲，復以髮磨。然僞者以手摩之，裂紋有痕，真者有紋可見，而拂之則無；次觀合縫，無隙不散，斷紋過肩，此漆灰琴也。若上下有紋，兩傍光漆者，此開而復合，重漆補者，此料灰琴也，似非全玩。

次觀琴材，以桐面梓底者爲上，純桐者次之，桐面杉底者又次之。琴取桐爲陽木，梓爲陰木，木用陰陽，取其相配，以召和也。然古人純用桐木之意，亦取桐之陽面爲面，陰面爲底，以分陰陽。恐梓性紐烈，不用爲底，故以桐木向日者，沉之水中，其陽面向上，背陰者向下，陽浮陰沉，反覆不易，取上爲陽爲面，用下爲陰爲底，是亦法陰陽也。故琴有陽材者，旦濁而暮清，晴濁而雨清；陰材者，旦清而暮濁，晴清而雨濁也。

次取九德：一曰奇，輕鬆脆滑是也。輕謂材輕；鬆謂聲透；脆謂聲之清美，老桐木也；滑謂聲之澤潤，近水材也。二曰古，淳淡中有金石韻也。三曰透，年雖久遠，膠漆不敗，清亮而不咽塞。四曰静，謂無敓颯以亂正聲。五曰潤，謂發聲不燥，韻長不絕。六曰圓，謂聲韻渾然，而不破散。七曰清，謂聲如風中鐸也。八曰匀，謂七弦無三實四虚之病。九曰芳，謂愈彈愈發，久無乏聲。此九德也。外此又須左不按浮，右不抗指，音清不空，音實不洪，面無撲敓，身無垂馝，伏手可彈，落指音發，此美琴也。雖售高資，亦不可捨。

近有銅琴、石琴，以紫檀、烏木爲琴者，皆失琴旨，雖美何取？《毛詩》云：「椅桐梓漆，爰伐琴瑟。」其意何居？又如百衲琴者，亦近製也。偶得美材，短不堪用，因而裁成片段，膠漆綴長，非好奇也。今仿製者，以龜紋錦片，錯以玳瑁、象牙、香料、雜木，嵌骨爲紋，鋪滿琴體，名曰寶琴，與廣中、滇南蝴嵌琵琶何異？更可笑也。求古不得，如我明高騰、朱致遠、惠桐岡、祝公望諸家造琴，中有精美可操，纖毫無病者，奈何百十之中，始得一二。若祝海鶴之琴，取材斫法，用漆審音，無一不善，更是漆色黑瑩，遠不可及。其取蕉葉爲琴之式，製自祝始。余得其一，寶惜不置，終日操弄，聲之清亮，伏手得音，莫可逾美，何異古琴。且價今重矣，真者近亦難得。

琴譜取正

琴師之善者，傳琴傳譜。而書譜之法，在琴師亦有訛者，一畫之失，指法即左，以訛傳訛，久不可正，琴調遂失真矣。故琴非譜不傳，譜非真，反失其傳也。近世以寧藩《神奇秘譜》爲最，然須得初刻大本，臞仙命工校訂，點畫不訛，是爲善譜可寶。若翻刻本，不足觀矣。又如《風宣琴譜》亦可。外此何止數十家刻譜，無不訛者。余自燕中得故家琴譜，抄録精細，調法俱善，欲刻未得。若欲求譜勾剔字法全備，并手勢形象飛動，在臞仙所刻《太古遺音》一書，最爲精到。奈坊中僅存翻本，使人恨不多見。臞仙留心音律，無不窮奇索隱，若詞曲之《太和正音譜》，按律正腔，知音孰能過之！宜乎琴譜之精，莫之與并也。

琴窗雜記計十五條

彈琴取古郭公磚，上有象眼花紋，方勝花紋，出自河南鄭州者佳，用鑲琴臺，長過琴一尺，高二尺八寸，闊容三琴，以堅漆塗之。彈琴於上，其聲泠泠可愛。或以瑪瑙石、南陽石、永石鑲者亦佳。

古琴無聲者，以布囊炒熱砂罨之，冷即又換。或以甑蒸之，令汗出透，懸當風處吹乾，其聲如舊。琴無新舊，宜置卧床內，以近人氣爲佳。

琴弦久而不鳴者，繃定，以桑葉捋之，鳴亮如初。蓄琴不論寒暑，不可挂風露并日色中。可於屋内不近墻壁暖處懸之，則聲不澀滯，琴無變病。

唐有雷、張、越三家，製琴擅名，其龍池、鳳沼，有舷，餘處悉窪，令關聲不散。宋有琴局，製有定式，謂之官琴，餘悉野斫。後以京中樊氏、路氏琴爲第一。

余在都中，見一琴臺，以錫爲池於臺，中置水蓄魚，上以水晶板爲面，其魚戲水藻，儼若出聽，誠爲世所稀有，其價亦高。余一見後，不知何去，令人念之耿耿。天下奇貨，信不易得。

挂琴不可近墻并泥壁之處，恐惹濕潤，則琴不發聲。惟宜近紙格板壁，當風透氣處挂之。加以囊盛，以遠塵垢。入匣則不用囊。

梅月，須先將琴入匣中鎖閉，以紙糊口，不令濕黴着琴。琴匣之製，亦貴窄小，止可容琴，不使有空摇動爲佳。

抱琴，當語僮僕，勿令横抱，恐觸物傷損護軫焦尾。直抱，頭上尾下無失。

露下彈琴，不可久坐，不惟潤弦，抑且傷人。且陽材鼓之有聲，陰材則無聲矣。

彈琴須先盥手，手潔則弦不受污。夏月惟宜早晚，午則不可，非惟汗濡，恐太燥脆弦。

焚香鼓琴，惟宜香清烟細，如水沉生香之類，則清馥韻雅；若他合和艷香，不入琴供。

對月鼓琴，須在二更人静，萬籟無聲始佳。對花，宜共岩桂、江梅、茉莉、薝蔔、建蘭、夜合、玉蘭等花，香清色素者爲雅。臨水彈琴，須對軒窗池沼，荷香撲人；或竹邊林下，清漪芳沚，俾微風灑然，游魚出聽，自多塵外風致。

琴用金徽玉軫，不爲之華。然玉軫有花則易轉，素不受污。若用紫檀、犀角者，可避損失。然金徽每爲琴灾，不若瑩白螺蚼者，燈前月下，取音了然，觀亦不俗。若横之膝上，對月則光彩射目，似更宜人。膝上鼓琴，惟純熟小操則可，否亦不能。

養鶴要略

高子曰：鶴，仙禽也。於物爲多壽，感於陽，故鳴於子。雄則聲聞數里，雌則聲下而不揚。華亭下沙之鶴，蓋自海東飛集於下沙，非華産也。相鶴但取標格奇古，唳聲清亮，頸欲細而長，足欲瘦而節，身欲人立，背欲直削。身横則類鸛鶩，勁肥則類鵝雁矣。

觀其隆鼻短口則少眠，高脚疏節則多力，頂若朱紅則善鳴，眼露赤色則視遠，回翎亞膺則體輕，龜背鱉腹則善産，鳳翼雀尾則善飛，輕前重後則善舞，洪髀纖指則善步。

蓄之者，可以共清高，助清興。當居以茅庵，鄰以池沼，飼以魚穀鰍鱔，勿以熟食飽其腸胃，使乏精采，而塵倦仙骨。欲教以舞，俟其飢餒，置食於空野，使童子拊掌歡顛，摇手起足以誘之，彼則奮翼而唳，逸足而舞矣。習之既熟，一聞拊掌，即便起舞，謂之食化。空林别墅，何可一日無此忘機清友？聞鶴糞可以化石成灰。鶴有長水石自隨，故能蓄魚於溝瀆不涸。且能千年一變蒼色，再變黄玄，百年之後，則脱硬羽而生柔毛，色白鮮潔，真異類也。而青松白石之下，更宜此君。

校勘記

〔一〕「成」，原作「生」，今據後文圖改。

〔二〕「三角」，原作「山字」，今據後文圖改。

〔三〕「奇硯圖二十方」，原無，今據原書目録補。

〔四〕「或用白芨磨者亦妙」，弦雪居本、四庫本均作「成嘉年内朱砂墨妙甚」。

〔五〕「脂」，原作「臙」，今據四庫本改。

〔六〕「便」，原作「何」。人民衛生出版社《遵生八箋校注》校勘記云：「當爲『便』字之訛。《考槃餘事》作『皆不若白竹之薄標者爲管，最便持用』。」是。今據改。

〔七〕「峰」，原作「鋒」，今據《叢書集成初編》本《考槃餘事·筆格》改。

〔八〕「者」，原作「方」，今據弦雪居本、四庫本改。

〔九〕「入白芨末二兩豆粉五錢」，弦雪居本、四庫本均作「入白芨末四兩楮樹汁調」。

〔一〇〕「龍」，原作「龐」，今據《古今圖書集成·字學典·鎮紙》引改。

〔一一〕「有」，原作「用」，今據《叢書集成初編》本《考槃餘事·書燈》改。

〔一二〕「出」字原脱，今據《名香譜》補。

〔一三〕「聚」字原脱，今據《名香譜》、《十洲記》補。

〔一四〕「驚精香」，原作「馬精香」，今據《名香譜》、《十洲記》改。

〔一五〕「褎」，原作「裒」，人民衛生出版社《遵生八箋校注》校勘記云：裒，「當爲『褎』之訛」。是。今據改。

〔一六〕「明庭香明天發日香出胥陀寒國」，以上十三字原缺，今據弦雪居本、四庫本補。「陀」原作「池」，今據《名香譜》改。
〔一七〕「聚仙香」，弦雪居本、四庫本均作「内香餅」。
〔一八〕「但」，弦雪居本、四庫本均作「俱」。
〔一九〕「頸」，原作「頭」，今據弦雪居本、四庫本改。
〔二〇〕「方」字原缺，今據前後文體例補。
〔二一〕「各」字疑衍，或「沉香」爲「沉速香」之訛。
〔二二〕「香附子丁香各五兩」，弦雪居本作「香附子黑香」，四庫本作「香附子一兩黑香一兩」。
〔二三〕「六」，弦雪居本作「一」。
〔二四〕「茅」，弦雪居本、四庫本均作「柏」。
〔二五〕「茴」，弦雪居本、四庫本均作「芸」。
〔二六〕此條原無，今據弦雪居本、四庫本補。
〔二七〕「書室中宜製撞三四格提匣以鎖鑰啟閉」，弦雪居本、四庫本均作「書室中宜製提匣作三撞式用鎖鑰啟閉」。

〔二八〕「夾」，弦雪居本作「太」。

〔二九〕「徽」，原作「徵」，今據四庫本改。

〔三〇〕「冰」，原作「水」，今據四庫本改。

燕閑清賞箋下卷

瓶花三説

瓶花之宜

高子曰：瓶花之宜[一]有二，用如堂中插花，乃以銅之漢壺、大古尊罍，或官、哥大瓶如弓耳壺、直口敞瓶，或龍泉蓍草大方瓶，高架兩傍，或置几上，與堂相宜。折花須擇大枝，或上茸下瘦；或左高右低，右高左低；或兩蟠臺接，偃亞偏曲；或挺露一幹中出，上簇下蕃，鋪蓋瓶口，令俯仰高下，疏密斜正，各具意態，得畫家寫生折枝之妙，方有天趣。若直枝蓬頭花朵，不入清供。花取或一種兩種，薔薇時即多種亦不爲俗。冬時插梅，必須龍泉大瓶，象窑敞瓶，厚銅漢壺，高三四尺已上，投以硫黄五六錢，砍大枝梅花插供，方快人意。近有饒窑白磁花尊，高三二尺者，有細花大瓶，俱可供堂上插花之具，製亦不惡。

若書齋插花，瓶宜短小，以官、哥膽瓶、紙槌瓶、鵝頸瓶、花觚、高低二種八卦方瓶、茄袋瓶、各製小瓶，定窑花尊、花囊、四耳小定壺、細口匾肚壺，青東磁小蓍草瓶、方漢壺、圓瓶，古龍泉蒲槌瓶，各窑壁瓶。次則古銅花觚、銅觶、小尊罍、方壺、素温壺、匾壺，俱可插花。又如饒窑宣德年燒製花觚、花尊、蜜食罐，成窑嬌青蒜蒲小瓶、膽瓶、細花一枝瓶、方漢壺式者，亦可文房充玩。但小瓶插花，折宜瘦巧，不宜繁雜，宜一種，多則二種，須分高下合插，儼若一枝天生二色方美。或先凑簇像生，即以麻絲根下縛定插之。若彼此各向，則不佳矣。

大率插花須要花與瓶稱，花高於瓶四五寸則可。假如瓶高二尺，肚大下實者，花出瓶口二尺六七寸，須折斜冗花枝，鋪撒左右，覆瓶兩傍之半則雅。若瓶高瘦，却宜一高一低雙枝，或屈曲斜裊，較瓶身少短數寸似佳。最忌花瘦於瓶，又忌繁雜。如縛成把，殊無雅趣。若小瓶插花，令花出瓶，須較瓶身短少二寸，如八寸長瓶，花止六七寸方妙。若瓶矮者，花高於瓶二三寸，亦可插花有態，可供清賞。故插花挂畫二事，是誠好事者本身執役，豈可托之僮僕爲哉？

客曰：「汝論僻矣。人無古瓶，必如所論，則花不可插耶？」不然。余所論者，收藏鑒家，積集既廣，須用合宜，使器得雅稱云耳。若以無所有者，則手執一枝，或采滿把，即插之水鉢、壁縫，謂非愛花人歟？何俟論瓶美惡，又何分於堂室二用乎哉？吾懼客嘲熟矣，具此以解。

瓶花之忌

瓶忌有環，忌放成對，忌用小口瓮肚、瘦足藥壇，忌用葫蘆瓶。凡瓶忌雕花妝彩花架，忌置當空几上，致有顛覆之患。故官、哥古瓶，下有二方眼者，爲穿皮條縛於几足，不令失損。忌香烟燈煤熏觸，忌猫鼠傷殘，忌油手拈弄，忌藏密室，夜則須見天日。忌用井水貯瓶，味鹹，花多不茂，用河水并天落水始佳。忌以插花之水入口，凡插花水有毒，惟梅花、秋海棠二種毒甚，須防嚴密。

瓶花之法

牡丹花　貯滚湯於小口瓶中，插花一二枝，緊緊塞口，則花葉俱榮，三四日可玩。芍藥同法。一云：以蜜作水，插牡丹不悴，蜜亦不壞。

戎葵　鳳仙花　芙蓉花凡柔枝花。已上皆滚湯貯瓶，插下塞口，則不憔悴，可觀數日。

梔子花　將折枝根槌碎，擦鹽，入水插之，則花不黄。其結成梔子，初冬折枝插瓶，其子赤色，儼若花蕊可觀。

荷花　采將亂髮纏縛折處，仍以泥封其竅，先入瓶中至底，後灌以水，不令入竅。竅中進水則易敗。

海棠花　以薄荷包枝根水養，多有數日不謝。

竹枝、瓶底加泥一撮。松枝、靈芝，同吉祥草，俱可插瓶。

後録《四時花紀》，俱堪入瓶，但以意巧取裁。花性宜水宜湯，俱照前法。幽人雅趣，雖野草閑花，無不采插几案，以供清玩。但取自家生意，原無一定成規，不必拘泥。

靈芝，仙品也。山中采歸，以籮盛置飯甑上，蒸熟曬乾，藏之不壞。用錫作管套根插水瓶中，伴以竹葉、吉祥草，則根不朽。上盆亦用此法。

冬間插花，須用錫管，不惟不壞磁瓶，即銅瓶亦畏冰凍，瓶質厚者尚可，否則破裂。如瑞香、梅花、水仙、粉紅山茶、臘梅，皆冬月妙品。插瓶之法，雖曰硫黄投之不凍，恐亦難敵。惟近日色南窗下置之，夜近卧榻，庶可多玩數日。一法用肉汁去浮油，入瓶插梅花，則萼盡開，而更結實。

四時花紀

牡丹芍藥建蘭菊花四種

四種品類數多，栽培不易，俱録全譜，當按譜栽植，以供佳賞。

甌蘭花三種

三種惟杭城有之，花如建蘭，香甚。一枝一花，有紫花黄心，有白花黄心者，紫若胭脂，白如羊脂，花甚可愛。出法華山。采其原墩者，種背陰處可活。開花紫白者名蓀，葉較蘭稍闊。

玉蘭花

花未開者，澆以糞水，則花大而香。其瓣擇洗精潔，拖麵麻油煎食。牡丹新落瓣亦可煎食、蜜浸。古名木蘭。

迎春花

春首開花，故名。每於花放時移栽，土肥則茂，焊牲水灌之，則花蕃。二月中旬分種。

杏　花

本有梅杏、沙杏之分，根生最淺。以大石壓根，則花盛果結。核種。

桃花十種

桃花，平常者亦有粉紅、粉白、深粉紅三色。其外有單瓣大紅，千葉紅桃之變也；單瓣白桃，千葉碧桃之變也。有緋桃，俗名蘇州桃花，如剪絨者，比諸桃開遲，而色可愛。有瑞仙桃花，色深紅，花密。有絳桃，千瓣，有二色桃，色粉紅，花開稍遲。千瓣極雅。

山礬花

生杭之西山。三月着花，細小而繁，香馥甚遠，故俗名七里香。

笑靨花

花細如豆，一條千花，望之若堆雪。然無子可種，根窠叢生，茂者數十條，以原根劈作數墩分種，易活。

蝴蝶花

草花，儼若蝶狀，色黄，上有赤色細點。闊葉。秋時分種。

金莖花一云即黄蝴蝶花。

金莖花如蛺蝶，風過，花如飛舞摇蕩，婦人采之爲飾。諺曰：「不戴金莖花，不得入仙家。」

紫荆花

花碎而繁，色淺紫，每花一蒂，若柔絲相繫，故枝動，朵朵嬌顫不勝。俗名怕癢，是指此耳。亦以根分。

李　花

有青霄李、御黄李，李之上品也。若紫粉、小青，皆下品也。有麥李，紅甚，麥熟而實可食矣。俱花小而蕃。

映山紅

本名山躑躅，花類杜鵑，稍大，單瓣色淺。若生滿山頂，其年豐稔，人競采之。外有紫、粉紅二色。

鹿葱花

花儼蜨蝶，三大圓瓣而三小尖瓣，色葱藕色，中心白地，紅黄點點。摇風弄影，豐韻可人，根枝叢發。

蒿苣花

俗名金盞花也。色金黄，細瓣，攢簇肖盞。當春初即開，獨先衆花。

金雀花

春初開黄花，甚可愛，儼狀飛雀。且可采以滚湯着鹽焯過，作茶供一品。

粉團花二種

麻葉，花開小而色邊紫者爲最。其白粉團，即綉球花也，宜種牡丹臺處，與牡丹同開，用爲襯色甚佳。俱用八仙花種於盆内，削去半邊，架起就接。

薔薇花同類七種。

有大紅、粉紅二色，喜屏結。肥不可多。腦生莠蟲，以煎銀店中爐灰撒之，則蟲盡斃。正月初剪枝，長尺餘，扦種。以下數種類此花。可蒸茶。

寶相花

花較薔薇朵大，而千瓣塞心，有大紅、粉色二種。

十姊妹

花小，而一蓓十花，故名。其色自一蓓中分紅、紫、白、淡紫四色，或云色因開久而變。有七朵一蓓者，名七姊妹云。花甚可觀，開在春盡。

金沙羅

似薔薇，而花單瓣，色更紅艷奪目。

黄薔薇

色黄，花大，亦奇種也。剪條扦種，近廣於昔。態嬌韻雅，薔薇上品。

金鉢盂

似沙羅而花小，夾瓣如甌，紅鮮可觀。

間間紅

花似薔薇，色紅瓣短，葉差小於薇。

羊躑躅

生諸山中，花大如杯盞，類萱，色黄。羊食，生疾若痫。

梨花二種

有香臭二種。其梨之妙者，花不作氣，醉月欹風，含烟帶雨，瀟洒丰神，莫可與并。

郁李花二種

有粉紅、雪白二色，俱千葉花，甚可觀，如紙剪簇成者。子可入藥。

玫瑰花二種

出燕中，色黃，花稍小於紫玫瑰。種紫玫瑰多不久者，緣人溺澆之即斃。種以分根則茂，本肥多悴，黃亦如之。紫者，乾可入囊，以糖霜同搗收藏，謂之玫瑰醬。各用俱可。

麗春花

罌粟類也。其花單瓣，瓣常飛舞，儼如蝶翅扇動，亦草花中之妙品也。

錦帶花

花開蓓蘽可愛，形如小鈴，色粉紅而嬌，植之屏籬，可折供玩。

木香花三種

花開四月。木香之種有三：其最，紫心白花，香馥清潤，高架萬條，望若香雪。其青心白木香、黄木香二種，皆不及也。亦以剪條插種，不甚多活。以條扳入土中，一段壅泥，俟月餘根長，自本生枝外剪斷，移栽可活。

棣棠花

花若金黄，一葉一蕊，生甚延蔓，春深與薔薇同開，可助一色。

辛夷花

花如蓮，外紫内白，蕊若筆尖，故名木筆。一名望春，俗名猪心。本可就接玉蘭。

紫丁香花

木本，花如細小丁香，而瓣柔色紫，蓓蕾而生，接、種俱可。自是一種，非瑞香别名。

野薔薇花二種

色有雪白、粉紅二種，采花拌茶，瘧病烹食即癒。

荼蘼花二種

大朵，色白，千瓣而香，枝梗多刺。詩云「開到荼蘼花事盡」，爲當春盡時開耳。外有蜜色一種。

金絲桃花

花如桃，而心有黄鬚，鋪散花外，若金絲然。亦以根下劈開分種。

海棠花七種

海棠有鐵梗，色如硃紅。有木瓜、粉紅，有西府。有樹海棠二種，一紫一白。有垂絲海棠，吐絲美甚，冬至日，用糟水澆，則來春花盛。若秋海棠，嬌冶柔軟，真同美人倦妝。此品喜陰，一見日色即瘁。九月收枝上黑子，撒於盆內、地上，明春發枝，當年有花。老根過冬者，花發更茂。

纓絲花

花、葉儼似玫瑰，而色淺紫無香，枝生刺針。時至煮繭，花盡開放。亦以根分。

結香花

花色鵝黄，較瑞香稍長，花開無葉，花謝葉生。枝極柔軟，多以蟠結上盆，香、色俱無可取。

枳殼花藥花，頗有可觀者，若萎蕤、緑豆之類，不能悉載。〔一〕

花細而香，聞之破鬱結，籬傍種之，實可入藥。

橙花

花細而白，香清可人，以之蒸茶，向爲龍虎山進御絶品。園林種之，可收作此。橙用更多。

紅蕉花二種

種盆短蕉，即芭蕉所出者，掘起，根蒲上用油簪脚横刺二眼，即不長高，可玩。〔三〕

種自東粤來者，名美人蕉，其花開若蓮，而色紅若丹，中心一朵，曉生甘露，其甜如蜜。即常芭蕉，亦開黄花，至曉，瓣中甘露如飴，食之止渴。

海桐花

花細白如丁香，而嗅味甚惡，遠觀可也。

金錢花俗名夜落金錢。

出自外國，梁時外國進，花朵如錢，亭亭可愛。昔魚弘以此賭賽，謂得花勝得錢，可謂好之極矣。

史君子花

花如海棠，柔條可愛，夏開一簇，葩艷輕盈。作架植之，蔓延若錦。

杜鵑花三種

有蜀中者佳，謂之川鵑，内十數層，色紅甚；出四明者，花可二三層，色淡，總名杜鵑。喜陰惡肥，天旱以河水澆之，樹陰下放置則茂，葉色青翠可觀。有黄白二色，奇甚。

茉莉花二種

有千葉，初開時花心如珠。有單瓣者。喜肥，以米泔水澆之，則花開不絶，或皮屑浸水澆之亦可。又云宜糞，但欲加土壅根爲妙。惟難過冬，若天色作寒，移置南窗下，每日向陽，至十分乾燥，以水微濕其根；或以朝南屋内泥地上掘一淺坑，將花缸存下，以缸平地，上以篾籠罩花，口傍以泥築實，無隙通風，此最妙法也。至立夏前，方可去罩，盆中周遭去土一層，以肥土填上，用水澆之，芽發，方灌以糞。次年，和根取起，換土栽過，無不活者。如此收藏，多年可延。又云，賣花者惟欲花瘁，其中有說，夏間收回，即換土種之，去其故土。礱糠亦是一法。

凌霄花

蔓生，花黄，用以蟠綉大石，似亦可觀。花能墮胎。

吉祥草花

吉祥草，易生，不拘水土中、石上，俱可種，惟得水爲佳。用以伴孤石、靈芝，清甚。花紫，蓓生，然不易發。如家居種之，有花似云吉祥。

真珠蘭花

真珠蘭，色紫，蓓藟如珠，花開成穿，其香甚穠。以之蒸牙香、棒香，名曰蘭香者，非此不可。廣中極盛，携至南方，則不花矣。又名魚子蘭。

月季花二種

俗名月月紅。凡花開後，即去其蒂，勿令長大，則花隨發無已。二種雖雪中亦花，有粉白色者甚奇。月季非長春，另是一種，按月發花，色相妙甚。〔四〕

秋牡丹花

草本，遍地延蔓，葉肖牡丹，花開淺紫黄心。根生分種。

朱蘭蕙蘭二種

花開肖蘭，色如渥丹，葉闊而柔。粤種，蕙葉細長，一梗八九花朵，嗅味不佳，俗名九節蘭也。

楝樹花

苦楝，發花如海棠，一蓓數朵，滿樹可觀。

挂蘭二種

産浙之温、台山中，岩壑深處，懸根而生。故人取之，以竹爲絡，挂之樹底，不土而生。花微黄，肖蘭而細。不可缺水，時當取下，水中浸濕又挂，亦奇種也。閩粤一種紅花黄邊紫粉心者，美甚。〔五〕

淡竹花

花開二瓣，色最青翠，鄉人用綿收之，貨作畫燈，青色并破緑等用。

金燈花二種

花開一簇五朵，金燈色紅，银燈色白。皆蒲生，分種。

紫羅蘭花

草本，色紫翠如鹿葱花。秋深分本栽種，四月發花可爱。

四季花

花小，葉细，色白，午開子落，自三月開至九月。其枝葉搗汁，可治跌打損傷，又名接骨草。剖根分種。

剪秋羅花三種

花有三種，春夏秋三羅以時名也。春夏二羅色黄紅不佳，獨秋羅紅深色美，亦在春時分種，喜肥則茂。一名碎剪羅。

含笑花

產廣東，其花如蘭，形色俱肖，花開不滿，若含笑然，隨即凋落。余初得自廣中，僅高二尺許，今作拱把之樹矣，且不懼冬。

紫薇花二種

紫色之外，有白薇，色近微紅，此種亦可。〔六〕

榴花八種

燕中有千瓣白，千瓣粉紅，千瓣黄，大紅者，比他處不同。中心花瓣如起樓臺，謂之重臺石榴花，頭頗大，而色更紅深。余曾四種俱帶回杭，至今芳郁。有四色單瓣。

蓮花六種

紅白之外，有四面蓮，千瓣。四花、兩花者名并蒂，總在一蕊發出。有臺蓮，開花謝後，蓮房中復吐花英，亦奇種也。有黃蓮。又云以蓮子磨去頂上些少，浸靛缸中，明年清明，取起種之，花開青色。有此法而未試。

佛桑花四種

有大紅，有粉紅，有黃，有白，四色。自四月開，至十月方止。花之可愛，妙莫與比。但無法可令過冬，是大恨也。

罌粟花三種

罌粟，千瓣五色。虞美人，瓣短而嬌。滿園春，夾瓣飛動。俱以子種，在八月中秋日下土，宜大肥，則明年夏月花茂，否不及矣。亦宜蓋以毛灰，免令蟲食其子。

夾竹桃花

花如桃，葉如竹，故名。然惡濕而畏寒，十月初，宜置向陽處放之。喜肥，不可缺壅。

玉簪花二種

春初，移種肥土中則茂。其花瓣拖麵，入少糖霜煎食，香清味淡，可入清供。紫者花小，葉上黄緑間道。喜水，分種，盆石栽之可玩。

種盆荷花

老蓮子裝入雞卵殼内，將紙糊好，開孔，與母雞混泉子中同伏，候雛出取開，收起蓮子。先以天門冬爲末，和羊毛角屑拌泥，安盆底，種蓮子在内，勿令水乾，則生葉開花，如錢大可愛。

指甲花

生杭之諸山中，花小如蜜色而香甚。用山土移上盆中，亦可供玩。

梔子花三種

有三種：有大花者，結山梔，甚賤；有千葉者；有福建矮樹梔子，可愛，高不盈尺。梅雨時，隨時剪扦肥土，俱活。

火石榴花三種

上盆小株，花多色紅，有粉、紅、白色三種，甚可人目。然無他法，以其嫩頭長出即摘去，烈日當午，以水澆之，則花茂肯發。是即大株分本。外有細葉一種亦佳。〔七〕

慈菰花

水中種之，每窠花挺一枝，上開數十朵，色香俱無，惟根至秋冬取食甚佳。

鼓子花

花開如拳不放，頂幔如缸鼓式，色微藍可觀，又可入藥。

孩兒菊花

花小而紫，不甚美觀。但其嫩頭柔軟，置之髮中、衣帶，香可辟汗作氣。夏月一種佳草。有二種，梗紫者香甚。

紫花兒

遍地叢生，花紫可愛，柔枝嫩葉，摘可作蔬。春時子種。

夜合花二種

紅紋香淡者，名百合；蜜色而香濃，日開夜合者，名夜合，分二種。根可食，一年一起，取其最大者供食，小者用肥土排之，則春發如故。

番山丹花

有二種：一名番山丹，花大如碗，瓣俱捲轉，高可四五尺；一種花如硃砂，本止盈尺，茂者一幹兩三花朵，更可觀也。亦須每年八九月分種方盛。

石竹花二種

石竹二種：單瓣者名石竹，千瓣者名洛陽花，二種俱有雅趣。亦須每年起根分種則茂。

紅豆花

花開一穗十蕊，纍纍下垂，色妍桃杏。其葉瘦如蘆，亦可觀也。

戎　葵即蜀葵。

出自西蜀，其種類似不可曉。地肥善灌，花有五六十種奇態，而色有紅、紫、白、墨紫、深淺桃紅、茄紫，雜色相間。花形有千瓣，有五心，有重臺，有剪絨，有細瓣，有鋸口，有圓瓣，有五瓣，有重瓣種種，莫可名狀。但收子以多爲貴，八九月間鋤地下之，至春初删其細小茸雜者另種，餘留本。地不可缺肥。五月繁華，莫過於此。叢生滿庭，花開最久，至七月中尚蕃。其花可收乾入香炭墼内引火，耐焼；葉可收染紙色，取爲葵箋是也。

紅　麥〔八〕

麥種，花妙如剪，子大於麥數倍，色紅可愛。

錢　葵即錦茄花。

花葉如葵，稍矮而叢生，花大如錢，止有粉間深紅一色，開亦耐久。

萱花三種俗名鵝脚花。

有三種：單瓣者可食，千瓣者食之殺人，惟色如蜜者，香清葉嫩，可充高齋清供，又可作蔬食之，不可不多種也。且春可食苗，夏可食花，比他花更多二事。

山丹花三種

花如朱紅，外有黄色、有白色花者，二種稱奇。亦在春時分種。

雙鸞菊

草本，挺生，花開多甚，每朵頭若尼姑帽。然折去此帽，内露雙鸞并首，形似無二，外分二翼一尾，天巧之妙，何肖生物至此！根可入藥，名曰烏頭。春，分根種。

芙蓉花四種

有數種，惟大紅千瓣、白千瓣、半白半桃千瓣、醉芙蓉，朝白午桃紅，晚改大紅者，佳甚。不必分根，記在十一月中，將嫩條剪下，砍作一尺一條，向陽地上掘坑埋之，仍以土掩，至正月後起條，遍插水邊林下，無不活者，當年即花。

蓼花

花開蓓蘽而細，長二寸，枝枝下垂，色粉紅可觀，惟水邊更多，故俗名水紅花也。花葉用以煎汁，洗脚風癢良。

金鳳花六種

金鳳花，有重瓣、單瓣，紅、白、粉紅、紫色、淺紫如藍，有白瓣上生紅點凝血，俗名洒金，六色。花開一落，即去其蒂，則花茂，與月季同法。其子可收入藥，作種。

十樣錦四種

十樣錦，枝頭亂葉，有紅、紫、黄、緑四色，故名。其雁來紅，以雁來而色嬌紅；老少年，至秋深脚葉深紫而頂紅；少年老，頂黄而葉緑。收子撒於耨熟肥土中，加毛灰蓋之，恐防蟻食，二月中即生。

雞冠花四〔九〕種

雞冠有掃箒雞冠；有扇面雞冠；有紫、白同蒂，名二色雞冠。扇面者，以矮爲佳；箒樣者，以高爲趣。然下子時，撒高則高，撒低則低也。若三色雞冠，一朵同蒂，色分紫、白、粉紅，亦奇種也。俱收子種。

金銀蓮花二種

湖中甚多，園林盆泥蓄水種之，但取二色重臺者可愛。

纏枝牡丹花

柔枝倚附而生，花有牡丹態度，甚小。纏縛小屏，花開爛然，亦有雅趣。

木樨花四種

有四種，金黄花，白花，黄花，結子四季花，惟金桂爲最。葉邊如鋸齒而紋粗者，其花香甚。灌以猪糞則茂，鬣沙壅之亦可。

槿花二種

籬槿，花之最惡者也。其種外有千瓣白槿，大如勸杯；有大紅、粉紅千瓣，遠望可觀，即南海朱槿、那提槿也，且插種甚易。

水木樨花

花色如蜜，香與木樨同味，但草本耳。亦在二月分種。一名指田，同葉搗加礬泥染指，紅於鳳仙葉。

秋葵花

色蜜心紫，秋花，朝暮傾陽，此葵是也。秋盡收子，移種。

白菱花

木本，花如千瓣菱花，葉同梔子，一枝一花，葉托花朵，七八月開，色白如玉可愛。亦接種也。

茗　花

即食茶之花。色月白而黄心，清香隱然。瓶之高齋，可爲清供佳品。且蕊在枝條，無不開遍。

茶梅花

開十一月中，正諸花凋謝之候，花如鵝眼錢，而色粉紅，心黄，并且耐久，望之雅素。無此，則子月虚度矣。

梅花七種

尋常紅白之外有五種：如緑蕚，蒂純緑而花香，亦不多得；有照水梅，花開朵朵向下；有千瓣白梅，名玉蝶梅；有單瓣紅梅；有練樹接成墨梅，皆奇品也，種種可觀。

臘梅花三種

今之狗英臘梅，亦香。但臘梅惟圓瓣如白梅者佳，若瓶一枝，香可盈室。余見洪忠宣公山庭有之，後竟滅歿。今之圓瓣臘梅，皆如荷花瓣者，瓣有微尖，僅免狗英則可。客云：「楚中荆襄産者最佳。」想忠宣宅中，亦得自彼處，故今不復見也。

山茶花六種別名甚多，以可觀玩，世所廣者録之。

如磬口，外有粉紅者，十月開，二月方已。有鶴頂茶，如碗大，紅如羊血，中心塞滿如鶴頂，來自雲南，名曰滇茶。有黄、紅、白、粉四色爲心，而大紅爲盤，名曰瑪瑙山

者，花心叢簇甚少，且白絲吐出不佳，亦名鶴顶。茶，花極可愛，産自浙之温郡。有白寶珠，九月發花，其香清可嗅。若杭之所爲寶珠

番　椒〔一〇〕

叢生，白花。子儼秃筆頭，味辣，色紅，甚可觀。子種。

水仙花二種

有二種：單瓣者，名水仙；千瓣者，名玉玲瓏。又以單瓣者名金盞銀臺。因花性好水，故名水仙。單者，葉短而香可愛，用以盆種上几。其法云：「五月不在土，六月不在房。栽向東籬下，花開朵朵香。」五月取起，以人溺浸一月，六月近灶處置之，七月種，則有花。甚不然也，余曾爲之無驗。且杭之近江水處，菜户成林，種者無枝不花，未嘗用此法也。惟土近滷鹹則花茂。

瑞香花四種

有紫花，名紫丁香；有粉紅者，名瑞香。有白瑞香，有緑葉黄邊者，名金邊瑞香。惟紫花葉厚者香甚。四月剪近根枝，左手剪即以左手扦於肥土背陰處，無不活者，换手則多不活。他如桂林有象蹄花、似巵，葉小。栒那花、夏開，淡紅。白鶴花、花如鶴立。上元花、上元時開。似茶花，清香素色。俱名花，惜不可得。〔一一〕

結子花二十二種〔一二〕

百花之外，更有結子花草，青紅蓓蘽，可移盆中蟠簇，雖嚴冬不凋者，有二十二種，俱堪齋頭清玩，并録附之。外此他省所産更多，未見者不録。

虎　茨

産杭之蕭山。白花，紅子，而子性甚堅，雖嚴冬厚雪，不能敗也。畏日色，百年者止高二三尺，不甚易活。

枸杞子

諸山中有之。老本虯曲可愛，結子紅甚，點點若綴，雪中可觀。

地珊瑚

産鳳陽諸郡中，藤本。其子紅亮，克肖珊瑚，狀若筆尖下懸。不畏霜雪。初青後紅，收子可種。又名海風藤子，未詳。

茅藤果

藤本，亦可移植盆中，結縛成蓋。其子紅甚，柔挂虆虆，甚可人目。

雪下紅

一種藤本，生子類珠，大若芡實，色紅如日，粲粲下垂。積雪盈顆，似更有致，故名。

野葡萄

生諸山中。子細如小豆，色紫，蓓蘽而生，狀若葡萄，蟠之高樹，懸挂可觀。

山梔子

大葉梔子花，至秋結子，儼狀薔薇花。蕊經霜由黄而紅，盆種插瓶，可助十一月中無花之趣。

金燈籠

草本。結子儼若燈籠，薄衣爲罩，内包紅子，大若龍眼。去衣看子俱可。

無花果

木本。不花生果，狀若林檎，色青可久。收果陰乾燒灰，治痢甚良。

羊婆奶

木本，細葉。其子狀乳頭，纍纍而生，入口酸甜可食，色帶青紫。

闌天竹

生諸山中，葉儼似竹。生子枝頭，成穗，紅如丹砂，經久不脱，且耐霜雪。植之庭中，可避火灾，甚驗。

金豆橘

橘種，生子狀蠶豆，秋深顆顆若金，樹小子多，清玩妙品。可入糖蜜供食。

牛奶橘

生子儼同牛奶。秋時結實，看至明年三月，子尚垂金不落。收入蜜食，生可食皮。

金彈橘

橘種，子生若彈丸而色紅。冬殘，收以充供。

天茄兒

草本，狀若茄子差小，色青，長寸許。熟時采，以鹽湯焯過，可供茶品，甚佳。

平地木

高不盈尺，葉色深緑，子紅甚，若棠梨下綴，且托根多在甌蘭之傍，岩壑幽處，似更可佳。

霸王樹

產廣中，本肥，狀生如掌，色翠緑，上多米色點子，葉生頂上，稱爲奇樹可也。

錦荔枝

草本，藤蔓，種盆結縛成蓋。生果若荔枝少大，色金紅，肉甜可食，子入藥用。

盆種小葫蘆

以葫蘆秧種小盆，得土甚淺，至秋結子，形僅寸許，擇其周正者，止留一枚，垂挂可觀。霜後收乾佩帶，用爲披風鈕子，有物外風致。但難於成功，亦難美好，爲可恨也。

青珊瑚

産廣中。結實如瑚珊鈎，色青翠可玩。

鐵　樹

産廣中。色儼類鐵，其枝丫穿結，甚有畫意。又聞有鐵樹花，葉密而花紅，想又一種也，未見。

種大葫蘆

先春，以肥糞壤土，堆疊尺厚，將大葫蘆子種入土内，相去三四寸埋一二粒。待苗長三五尺時，内選本粗一株作主，次將傍株去皮一片，兩株結縛，若就花法，以泥塗封。稍長，去其一苗留本。又將傍株再就，以三根株并作一株延蔓，則三本之力歸一苗矣。其結實成形，又悉删去衆多，止留壯者一枚，至秋成實，大比尋常數倍。用作酒尊，携帶山游，誠物外清品。宜多種之，擇其形似完整可用。

花竹五譜

高子曰：花品若牡丹、芍藥、蘭、竹、菊類，俱有全譜，即余所編菊譜，名曰《三徑怡閑録》是也。不能全舉，以煩卷帙，聊述諸譜切要，并種花雜説，録爲山人園圃日考。不敢云備，要亦不外是也。藝花者當自取裁。

牡丹花譜

種牡丹子法

六月時候，看花上結子微黑，將暴開口者，取置向風處晾一日，以瓦盆拌濕土盛起。至八月取出，以水浸試，沉者開畦種之，約三寸一子，待來春當自得花。

牡丹所宜

牡丹宜寒惡熱，宜燥惡濕。根窠喜得新土則旺，懼烈風炎日。栽宜寬敞向陽之地，爲牡丹所宜。

種植法

栽宜八月社前，或秋分後三兩日，若天氣尚熱，遲遲亦可。將根下宿土緩緩掘開，勿傷細根，以漸至近。每本用白斂細末一斤，一云硫黄脚末二兩，猪脂六七兩拌土，壅入根窠填平，不可太高，亦不可築實脚踏。填土完，以雨水或河水澆之，滿臺方止。次日土低凹，又澆一次，填補細泥一層。若初種，不可太密，恐花時風鼓，互相抵觸，損花之榮。此爲種花之法也。其種子落地，直至春芽發葉長，是子活矣。六月須備箔遮，夜則受露。二年八月，移栽别地則茂。此護子法也。

分花法

揀大墩茂盛花本，八九月時全墩掘起，視可分處剖開，兩邊俱要有根，易活。用小麥一握，拌土栽之，花茂。此分花法也。

接花法

芍藥肥大，根如蘿蔔者，擇好牡丹枝芽，取三四寸長，削尖匾如鑿子形，將芍藥根上開口插下，以肥泥築緊，培過一二寸即活。又以單瓣牡丹種活根上，去土二寸許，用礪刀斜去一半，擇千葉好花嫩枝頭有三五眼者一枝，亦削去一半，兩合如一，用麻縛定，以泥水調塗，麻外仍以瓦二塊合圍填泥，待來春花發去瓦，以草席護之，茂即有花。此接花法也。

灌花法

灌花須早，地涼不損根枝。八九月，五日一澆，積久雨水爲妙。立冬後，三四日一澆糞水。十一月後，爬鬆根土，以宿糞濃澆一次二次，餘澆河水。春分後，不可澆水，待穀雨前，又澆肥水一次。且澆不宜驟，六月暑中，不可澆水。旱則以河水黑早澆之，不可濕了枝葉。北方土厚，不宜糞澆，亦不宜井水。此澆花法也。

培養法

八九月時，用好土根上如前法培壅一次，比根高二寸，須隔二年一培。穀雨時，設簿遮蓋日色雨水，勿令傷花，則花久。花落，即前花枝嫩處一二寸，六月時亦須設簿，勿令曬損花芽。冬以草薦遮雪。此培養法也。

治療法

冬至前後，以鐘乳粉和硫黄一二錢，掘開泥培之，則花至來春大盛。種時以白斂拌土，欲絶蠐螬、土蠶食根。有蛀眼處，以硫黄末入孔，杉木削針針之，蟲斃。若有空眼處，折斷捉蟲，亦一法耳。此爲治療法也。

牡丹花忌

北方地厚，忌灌肥糞、油粑肥壅。忌觸麝香、桐油、漆氣。忌用熱手搓摩摇動。忌草長藤纏，以奪士氣，傷花。四傍忌踏實，使地氣不升。忌初開時即便采摘，令花不茂。忌人以烏賊魚骨針刺花根，則花弊凋落。此牡丹之所忌也。

古亳牡丹花品目

黄類：

御衣黄千葉，色似黄葵。

淡鵝黄初開微黄，色如新鵝黄，後漸白。平頭。聞有太真黄，未見。

大紅類：

大紅舞青猊千葉樓子，胎短花子，中出五青瓣，宜向陽。

石榴紅千葉樓子，胎類王家紅。

曹縣狀元紅千葉樓子，宜成樹背陰。

金花狀元紅大瓣，平頭，微紫，每瓣上有黄鬚，故名。宜陽。

王家大紅千葉樓子，胎紅而長，尖微曲，宜陽。

大紅剪絨千葉平頭，其瓣如剪。

大紅綉球花類王家紅，葉微小。

大紅西瓜穰千葉樓子，宜陰。

小葉大紅千葉，頭小難開。

金絲大紅平頭，不甚大，每瓣上有金絲毫，謂之金線紅。

硃砂紅千葉樓子，宜陰。
映日紅千葉樓子，細瓣，宜陽。
錦袍紅千葉平頭。
羊血紅千葉平頭，易開。
九蕊珍珠紅千葉，花中有九蕊。
石家紅千葉平頭，不甚緊。
七寶冠千葉樓子，難開，又名七寶旋心。
醉胭脂千葉樓子，莖長，每開頭垂下，宜陽。
桃紅類：
魏紅千葉。
大葉桃紅千葉樓子，宜陰。
桃紅舞青猊千葉樓子，中出五青瓣。河南名睡綠蟬。宜陽。
壽安紅平頭黃心，有粗細葉二種，粗者香。

壽春紅千葉平頭，胎瘦小，宜陽。

殿春芳千葉樓子，開遲。

醉桃仙千葉，花外白内紅，難開，宜陰。

美人紅千葉樓子。

皺葉桃紅千葉樓子，葉圓而皺，難開，宜陰。

梅紅平頭千葉，深桃紅。

蓮蕊紅千葉樓子，瓣似蓮。

海天霞千葉平頭，開大如盤，宜陽。

桃紅西瓜穰千葉樓子，胎紅而長，宜陽。

翠紅妝千葉樓子，難開，宜陰。

陳州紅千葉樓子。

桃紅西番頭難開，宜陰。

桃紅綫千葉。

四面鏡有旋瓣。
桃紅鳳頭千葉，花高大。
嬌紅樓臺千葉，淺紅，桃紅，宜陰。
輕羅紅千葉。
淺嬌紅千葉樓子。
花紅綉球千葉，細瓣，開圓如珠。
嬌紅色如魏紅不甚，千葉。
醉嬌紅千葉，微紅。
出莖紅桃千葉，大尺餘，其莖長二尺許。
西子紅千葉，開圓如球，宜陰。
紫玉千葉，白瓣，中有紅絲紋，大尺許。
海雲紅千葉，色紅如朝霞。
粉紅類：

玉芙蓉千葉樓子，成樹則開，宜陰。

素鸞嬌千葉樓子，宜陰。

水紅球千葉叢生，宜陰。

玉兔天香二種，一早開，頭微小；一晚開，頭極大。中出二瓣，如兔耳。

醉楊妃二種，一千葉樓子，宜陽；一平頭，極大，不耐日色。

赤玉盤千葉平頭，外白内紅，宜陰。

回回粉西施細瓣樓子，外紅内粉紅。

粉西施千葉，甚大，宜陰。

醉西施千葉，開久，露頂。

觀音面千葉，開緊，不甚大，叢生，宜陽。

粉嬌娥千葉，白色帶淺紅，即膩粉妝。

西天香開早，初甚嬌，三四日則白矣。

彩霞紅千葉平頭。

玉樓春千葉，多雨盛開。

鶴翎紅千葉。

醉春容色似玉芙蓉，開頭差小。

醉玉樓千葉，色白起樓。

一百五千葉，過清明即開。又名滿園春。

合歡花千葉，一莖兩朵。未見。

倒暈檀心千葉，外深紅，近萼反淺白。

肉西施千葉樓子。

三學士千葉，三色。

紫類：

紫舞青霓千葉，中出玉青瓣。

腰金紫千葉，有黃鬚一圍。

葉底紫千葉，莖短，葉覆其花。

即黑紫千葉樓子，色類黑葵。

丁香紫千葉樓子。

瑞香紫千葉，大瓣。

平頭紫千葉，大徑尺。

徐家紫千葉，花大。

茄花紫千葉樓子，又名藕絲合。

紫姑仙千葉樓子，大瓣。

紫綉球千葉，花圓。

紫羅袍千葉，又名茄色樓。

紫重樓千葉，難開。

紫云芳千葉，多叢。

駝褐裘千葉樓子，大瓣，色類褐衣，宜陰。

淡藕絲千葉樓子，淡紫色，宜陰。

烟籠紫千葉，淺淡交映。

白舞青猊千葉樓子，中出五青瓣。

白類：

萬卷書千葉，花瓣皆卷筒，又名波斯頭，又名玉玲瓏。一種千葉，桃紅，亦同名。

玉重樓千葉樓子，宜陰。

無瑕玉千葉。

水晶球千葉，粉白。

白剪絨千葉平頭，瓣上如鋸齒，又名白纓絡，難開。

緑邊白千葉，雜有緑色。

羊脂玉千葉樓子，大瓣。

慶天香千葉，粉白。

玉天仙千葉，粉白。

玉綉球千葉。

玉盤盂千葉平頭，大瓣。

蓮香白千葉平頭，瓣如蓮花，香亦如之。

青心白千葉，心青。

伏家白千葉。

鳳尾白千葉。

遲來白千葉。

平頭白千葉，盛者大尺許，難開，宜陰。

金絲白千葉，白色。

佛頭青千葉樓子，大瓣，群花謝後始開，瓣有緑色。汴名緑蝴蝶，西名鴨蛋青。

芍藥譜

《本草》一名黑牽夷。《韓詩》曰：芍藥，離草也。《詩》曰：伊其相謔，贈之以芍藥。牛亨問曰：將離，相贈以芍藥者，何也？董子答曰：芍藥一名可離，將別故贈之。亦猶相招贈之以文無，故文無一名當歸。芍藥榮於仲春，華於孟夏。《傳》曰：驚蟄之節後二十有五日，芍藥榮是也。《素問》王冰注：雷乃發聲，之下有芍藥榮。芍藥，香草，制食之毒者，莫良於芍藥，故獨得藥之名。所謂芍藥之和，具而食之。岑樓慎氏曰：句出《子虛賦》。草謂之榮，與此不同。況今芍藥四月始榮，故知其僞也。其華有至千葉者，俗呼小牡丹。今群芳中牡丹品第一，芍藥品第二，故世謂牡丹爲花王，芍藥爲花相，又或以爲花王之副也。

崔豹《古今注》云：芍藥有二種，有草芍藥，有木芍藥。木者花大而色深，俗呼爲牡丹，非也。安期生服煉法云：芍藥有二種，有金芍藥，有木芍藥。金者色白多脂，木者色紫多脉。此則驗其根也。即赤芍、白芍之分云。

種　法

種法：以八月起根去土，以竹刀剖開，勿傷細根。先壤猪糞和礱糠、黑泥入盆，分根栽種，勿密，更以人糞灌之，來春花發極盛。然須三年一分，俱以八月爲候，所爲芍藥洗脚是也。

培　法

種後，以十一二月用雞糞和土培之，仍渥以黄酒一度，則花能改色。開時須以竹篠扶之，不令傾側。有雨則以箔遮蔽，免速零落。勿犯鐵器。

修　法

每至花謝後，用剪剪去殘枝敗葉，勿令討力，使元氣歸根。十月九月時，出根洗時，去老梗腐黑之根，易以新壤肥土栽之。三二年一分，不分則病。分頻，花小而不舒。花之繁盛，色之淺深，皆出培壅剖根之力。

芍藥名考

孔常父云：唐詩人如盧仝、杜牧、張祐之徒，皆居廣陵日久，未有一語及芍藥者。

是花品未有若今日之盛也。

芍藥花譜，總別四十二種。其色則世傳以黃者爲貴，餘皆下品也。君子謂此花獨産於廣陵者，爲得風土之正，亦猶牡丹之品，洛陽外無傳焉。宋劉攽《揚州芍藥譜》，凡三十一種：

冠群芳　賽群芳　寶妝成　盡天工　曉妝新　點妝紅　疊香英　積嬌紅

以上皆上品也。

醉西施　道妝成　菊香瓊　素妝殘　試梅妝　淺妝勻　醉嬌紅　凝香英　石嬌紅　縷金囊　怨春紅　妒鵝黃　蘸金香　試濃妝

以上皆中品也。

宿妝殷　取次妝　聚香絲　簇紅絲　效殷妝　會三英　合歡芳　擬繡韉　銀含稜

以上皆下品也。

孔武仲《揚州芍藥譜》，凡三十三種[二三]：

御衣黄　青苗黄　樓子尹黄　二色黄　樓子絳　州子苗　峽石黄　樓子圓黄　鮑家黄　石壕黄　楊家花　袁黄冠子　黿地紅　湖纈　黄樓子　壽州青苗　黄絲頭　道士黄　白纈子　金線樓子　金繫腰　沔池紅　紅纈子　青苗旋心　玉逍遥　紅樓子　緋子紅　楊花冠子　胡家纈　二色紅　髻子紅　茅山紫樓子　茅山冠子　柳浦冠子　軟條冠子　當州冠子　蓬頭緋　多葉鞍子　髻子紅　多葉紹熙

《廣陵志·芍藥譜》，凡三十二種〔一四〕：

御愛黄　御衣黄　玉盤盂　玉逍遥　紅都勝　紫都勝　觀音紅　包金紫　黄樓子　尹家黄　黄壽春　出群芳　蓮花紅　瑞蓮紅　霓裳紅　柳浦紅　芳山紅　延州紅　綴珠紅　玉板纈　玉冠子　紅冠子　紫鱠盤　小紫球　鎮淮南　倚欄嬌　單緋　胡纈玉樓子　粉緣子　紅旋心見《維揚志》。

菊花譜

高子曰：菊譜，海内傳有數種，其種植相去不過一二訣法不同，其名花，何彼此之不侔也！ 在杭之種菊者，有以花之舊名，好奇更易，惟紫白牡丹、金銀芍藥四名不變耳。若蜜芍藥，又云蜜鶴翎，若寶相、褒姒、西施，互相指是，似可笑耳。今以古本舊譜，摘其要略，以備采擇，名則不能隨人鼓舌，争執是否，姑存其舊，以俟賞識。若余所著《三徑怡閑録》中，其説似無遺漏，惜乎刻者所傳不廣，亦無繕本，爲可惜耳。

分苗法

凡菊開後，宜置向陽，遮護冰雪，以養其元。至穀雨時，將根掘起剖碎，揀壯嫩有根者單種。有秃白者，亦可種活，但要去其根上浮起白翳一層，以乾潤土種築實。不可雨中分種，令濕泥着根，則花不茂。分早不宜，一云正月後即可分矣。

和土法

土宜畦高，以遠水患，寬溝以便水流。取黑泥，去瓦礫，用雞鵝糞和土，在地鋪五七寸厚。插苗上盆，則去舊土，易以新土。每年須换一番，則根株長大，花朵豐厚，否則必瘦削矣。

澆灌法

種後，早晚用河水、天落水澆，活苗頭起，暫止。待長五七寸長，用糞汁澆一次。再用燖雞鵝毛湯，帶毛用缸收貯，待其作穢不臭後，取澆灌，則花盛，而上下葉俱不脱。夏月日未出時，每早宜澆根洒葉。每雨後三二日，即以濃糞澆一次。花至豆大，聯澆糞水二次，花放時一次，則花大而豐厚耐久。

摘苗法

四五月間，每雨後菊長亂苗，每株即摘去正頭，使分枝而上。若枝本瘦者，止摘一次，七八月茂者，再摘一次。每枝下小枝，俱用摘去。

删蕊法

八月初時，菊蕊已生如小豆大，每頭必有四五，須耐心用指甲剔去傍生，留中一蕊。更看枝下傍出蕊枝，悉令删去，則花大。如剔傷中蕊，則不長矣。

捕蟲法

初種活時，有細蟲穿葉，微見白路縈回，可用指甲刺死。又有黑小地蠶嚙根，早晚宜看。四月，麻雀作窠，啄枝銜葉宜防。又防節眼内生蛀蟲，用細鐵線透眼殺蟲。五月間，有蟲名菊牛，有鉗，狀若螢火，雨過後，菊頭忽折，可於三四寸上尋看，去其折枝，不然和根斃矣。又於六七月後，生青蟲，難見，須在葉下見有蟲糞如蠶沙，即當去之。又有鑽節蝨蟲，去之，泥塗其節。

扶植法

諺云：「未種菊，先扦竹。」菊苗長至三四寸長，即立小細竹一枝於傍，以棕線寬縛令直。否則風雨欹斜，花長屈曲。

雨暘法

黄梅溽雨，其根易爛。雨過即用預蓄細泥封培，又生新根，其本益固。夏日最惡，若能覆蔽，秋後葉終青翠。過此二時，方可言花矣。

接菊法

接菊以菴藺根，或小花菊本接着〔一五〕，如接樹法。恐亦不佳。

菊之名品

御袍黄　太師紅　緑芙蓉　赤金盤　瓊芍藥　金芍藥　蜜芍藥　紫牡丹　白牡丹　黄牡丹　紅牡丹　病西施　黄西施　賽西施　醉西施　白西施　醉楊妃剪霞綃　合蟬菊　賽楊妃　太真紅　太真黄　狀元紅　狀元黄　玉寶相　金寶相

鶴頂紅　紫玉蓮　佛座蓮　勝金蓮　金佛蓮　西番蓮　太液蓮　錦芙蓉　玉芙蓉　金芙蓉　粉雀舌　蜜雀舌　紫蘇桃　黄疊羅　白疊羅　一捧雪　青心白　鶯羽黄　金絡索　玉玲瓏　紫霞觴　瑞香紫　蘸金盤　相袍紅　僧衣褐　火煉金黄茉莉　白茉莉　黄薔薇　荔枝紅　勝緋桃　勝瓊花　琥珀盤　黄鶴翎　紫鶴翎

白鶴翎　瑪瑙盤　一捻紅　金鳳仙　玉蝴蝶　錦雲紅　白粉團　紫粉團　粉鶴翎　金鎖口　銀鎖口　錦〔一六〕絲桃　粉絲桃　紫絨球　檀香球　白絨球　蜜絨球

殿秋香　黄綉球　剪金球　象牙球　木紅球　錦綉球　水晶球　晚黄球　十采球　粉綉球　大金球　小金球　銀紐絲　二色楊妃　紅萬卷　黄萬卷　粉萬卷

二色西施　錦牡丹　粉褒姒　紫褒姒　出爐金銀二名。　錦褒姒　白褒姒　紅牡丹　蠟瓣西施　縷金妝　蘸金白　洒金紅　劈破玉　海雲紅　錦雀舌　金孔雀　紅剪絨　紫剪絨　黄剪絨　白剪絨　無心對有心　鄧州白　鄧州黄　福州紫　錦心綉口　賓州紅　黄都勝　順勝紫　大小金鈴　錦丁香　金紐絲　吕公袍　黄白木香菊　麝香黄　波斯菊　試梅妝　紫袍金帶　粉蠟瓣　白蠟瓣　黄羅傘　金盞銀臺　紫羅傘　紅羅傘　玉盤盂　垂絲粉紅　桃花菊　芙蓉菊　石榴紅　金章紫綬

玉樓春　海棠春　紫羅袍　鳳友鸞交　觀音面　玉堂仙　頭陀白　黄五九菊　玉連環　倚闌嬌　金帶圍　四面鏡白菊　玉帶圍　五月白　纏枝菊　五月翠菊　白佛頂　黄佛頂　九煉金　六月菊名滴露。　玉指甲　紅荔枝　紫荔枝　七月菊名鐵錢。　金荔枝　銀荔枝　錦荔枝　白五九菊　紫金鈴　紅粉團　黄粉團　樓子佛頂

紫粉團　紅傅粉　雙飛燕　黑菊　勝緋桃　荷花球　紫萬卷　甘菊　藍菊

蘭譜

叙蘭容質第一

陳夢良　色紫，每幹十二萼，花頭極大，爲衆花之冠。至若朝暉微照，曉露暗濕，則灼然騰秀，亭然露奇，斂膚傍幹，團圓四向，婉媚嬌綽，佇立凝思，如不勝情。花三片，尾如帶〔一七〕徹青，葉三尺，頗覺弱黯〔一八〕。然而綠背雖似劍脊，至尾棱則軟薄斜撒，粒許帶緇。最爲難種，故人希得其真。

吴蘭　色深紫，有十五萼，幹紫英〔一九〕紅，得所養則岐而生，至有二十萼。花頭差大，色映人目，如翔鸞翥鳳，千態萬狀。葉則高大剛毅勁節，蒼然可愛。

潘花　色深紫，有十五萼，幹紫。圓匝齊整，疏密得宜，疏不露幹，密不簇枝，綽約作態，窈窕逞姿，真所謂艷中之艷，花中之花也。視之愈久，愈見精神，使人不能捨去。花中近心所，色如吴紫，艷麗過於衆花。葉則差小於吴。峭直雄健，衆莫能及，其色特深。

仙霞　乃潘氏西山於仙霞嶺得之，故更以爲名。

趙十四　色紫，有十五萼，初萌甚紅。開時若晚霞燦日，色更晶明。葉深紅者，合於沙土，則勁直肥聳，超出群品。亦云趙師博〔二〇〕，蓋其名也。

何蘭　紫色中紅，有十四萼，花頭倒壓，亦不甚緑。

品外之奇

金棱〔二一〕邊　色深紫，有十二萼，出於長泰陳家。色如吴花，片則差小，幹亦如之，葉亦勁健。所可貴者，葉自尖處分二邊，各一線許，直下至葉中處，色映日如金線。其家寶之，猶未廣也。

白蘭甲

濟老　色白，有十二萼，標致不凡，如淡妝西子，素裳縞衣，不染一塵。葉似施花，更能高一二寸。得所養則岐而生。亦號一線紅。

灶山　有十五萼，色碧玉。花枝開，體膚鬆美，顒顒昂昂，雅特閑麗，真蘭中之魁品也。每生并蒂，花幹最碧，葉緑而瘦薄。開花〔二二〕生子，蒂與苦蕒菜葉相似，俗呼爲緑衣郎。

黄殿講　號爲碧玉幹西施，花色微黄，有十五萼，合并幹而生，計二十五萼，或迸於根。美則美矣，每根有萎葉，朵朵不起。細葉最緑肥〔二三〕厚，花頭似開不開，幹雖高而實貴〔二四〕瘦，葉雖勁而實貴〔二五〕柔，亦花中之上品也。

李通判　色白，十五萼。峭特雅淡，追風浥露，如泣如訴，人愛之。或類鄭花，則減一頭地位。

葉大施　花劍脊最長，真花中之上品，惜乎不甚勁直。

惠知客〔二六〕　色白，有十五萼。賦質清臞，團簇齊整，或向背嬌柔瘦潤〔二七〕，花英淡紫，片尾凝黄。葉雖緑茂，細而觀之，但亦柔弱。

馬大同　色碧而緑，有十二萼，花頭微大，間有向上者，中多紅暈。葉則高聳，蒼然肥厚。花幹勁直，及其葉之半，亦名五暈絲，上品之下。

鄭少舉　色白，有十四萼。瑩然孤潔，極爲可愛。葉則修長而瘦，散亂，所謂「蓬頭少舉」也。亦有數種，只是花有多少，葉有軟硬之別，白花中能生者，無出於此。其花之資質可愛，爲百花之翹楚者。

黄八兄　色白，有十二萼。善於抽幹，頗似鄭花，惜乎幹弱不能支持，葉緑而直。

周染　花色白，十二萼。與鄭花無異，但幹短弱耳。

夕陽紅　花八萼，花片凝尖，色則凝紅，如夕陽返照。

觀堂主　花白，有七萼，花聚如簇，葉不甚高。可供婦女時〔二九〕妝。

名弟　色白，有五六萼，花似鄭，葉最柔軟，如新長葉則舊葉隨換，人多不種。

弱脚　只是獨頭蘭，色緑，花大如鷹爪，一幹一花，高二三寸，葉瘦，長二三尺。入臘方花，薰馥可愛，而香有餘。

魚魫蘭　十二萼，花片澄澈，宛如魚魫，采而沉之水中，無影可指，葉頗勁緑，此白蘭之奇品也。

品蘭高下第二

余嘗謂天下凡幾山川，而支派源委，於人迹所不至之地，其間山坳石潭，斜谷幽竇，又不知其幾何？　多邁古之修竹，矗空〔三〇〕之危木，雲烟覆護，溪澗盤旋，萬蘿蔽道，陽暉不燭，泠然泉聲，磊乎萬狀，堤圯之異，則所産之多，人賤之蔑如也。　倏然輕采於樵牧之手，而見駭然，識者從而得之，則必携持登高岡，涉長途，欣然不憚其勞，中心之所好者，不能以售販〔三一〕而置之也。　其地近城百里，淺小去處，亦有數品可取，何必求諸深山窮谷？　每論及此，往往啟識者雖有不韙之誚，毋乃地邇而氣殊，葉萎而花蠹，或不能得培植之三昧者耶？　是故花有深紫，有淺紫，有深紅，有淺紅，與夫黄、白、緑、碧、魚魫、金棱邊等品，是必各因其地氣之所鍾〔三二〕而然，意亦隨其本質而産之耶？　抑其皇穹儲精，景星慶雲，隨光遇物而流形者也？　噫！　萬物之殊，亦天地造化施生之功，豈予可得而輕議哉。

竊〔三三〕嘗私合品第而數之，以謂花有多寡，葉有强弱，此固其因所賦而然也。　苟惟人力不到，則多者從而寡之，强〔三四〕者又從而弱之，使夫人何以知蘭之高下，其不誤人者幾希？嗚呼！蘭不能自異而人異之耳。故必執一定之見，物品藻之則，有淡然之性在，況人均一心，心均一見，眼力所至，非可誣也。故紫花以陳夢良爲甲，吴、潘爲上品。中品則趙十四、何蘭、大張青、蒲統領、陳八斜〔三五〕、淳監糧。下品則許景初、石門紅、小張青、蕭仲和、何首座、林仲、孔莊觀成。外則金棱邊，爲紫花奇品之冠也。白花則濟老、灶山、施花、李通判、惠知客、馬大同爲上品。所謂鄭少舉、黄八兄、周染爲次。下品夕陽紅、雲嶠、朱花、觀堂主、青蒲、名弟、弱脚、王小娘者也。趙花又爲品外之奇。

天下養愛第三

天不言而四時行，百物生者何？蓋歲分四時，生六氣，合四時而言之，則二十四氣以成其歲功，故凡盈〔三六〕穹壤者皆物也。不以草木之微，昆蟲之細，而必欲各遂其性者，則在乎人因其氣候而生全之者也。被動植者，非其恩乎？及草木者，非其人乎？斧斤以時入山林，數罟不入污池，又非其能全之者乎？夫春爲青帝，回馭陽氣，風和日暖，蟄雷一震，而土脉融暢，萬匯叢生，其氣則有不可得而掩者。是以聖人之仁，則順天地以養萬物，必欲使萬物得遂其本性而後已。故爲臺太高則衝陽，太低則隱風，前宜面南，後宜背北，蓋欲通南薰而障北吹也。地不必曠，曠則有日；亦不可狹，狹則蔽氣。右宜近林，左宜近野，欲引東日而被西陽。夏遇炎烈則蔭之，冬逢沍寒則曝之。下沙欲疏，疏則連雨不能淫；上沙欲濡，濡則酷日不能燥。至於插引葉之架，平護根之沙，防蚯蚓之傷，禁螻蟻之穴，去其莠草，除其絲網〔三七〕，助其新篦，剪其敗葉，此則愛養之法也。其餘一切窠蟲族類，皆能蠹害，并可除之。所以封植灌溉之法，詳載於後。

堅性封植第四

草木之生長，亦猶人焉。何則？人亦天地之物耳，閑居暇日，優游逸豫，飲膳得宜。以蘭而言之，且一盆盈滿，自非六七載莫能至此。皆由夫愛養之念不替，灌溉之功愈久，故根與壤合，然後森鬱雄健，敷暢繁麗其葉，蓋有得於自然而然者合焉。欲分而拆之，是裂其根荄，易其沙土，況或灌溉之失時，愛養之乖宜，又何異於人之饑飽則燥濕干之，邪氣乘間入其榮衛，則不免侵損。所謂向之寒暑適宜，肥瘦得時者，此豈一朝一夕之所能仍舊者也？故必於寒露之後，立冬以前而分之，蓋取萬物得歸根之時，而其葉則蒼，根則老故也。或者於此時分一盆吴蘭，吝其盆之端正，則不忍擊碎，因剔出而根已傷，暨三年培植，猶至困踣於今，深以爲戒。欲分其蘭，而須用碎其盆，務在輕手擊之，亦須緩緩解拆其交互之根，勿使有拔斷之失。然後逐篦叢取出積年腐蘆頭，只存三季者，每三篦作一盆。盆底先用沙填之，即以三篦叢之，互相枕藉，使新篦在外，作三方向，却隨其花之好肥瘦沙土，從而種之，盆面則以少許瘦沙覆之，以新汲水一勺以定其根。

更有收沙曬之法，此乃又分蘭之至要者。尚預於未分前半月取土，篩去瓦礫之類，曝令乾燥。或欲適肥，則宜於淤泥沙可用，使糞夾和曬之，俟乾，或復濕，如此十度，視其極燥，更須篩過，隨意用。蓋沙乃久年流聚，雜居陰濕之地，而蘭之驟爾分拆失性，假以陽物助之，則來年叢篦自長爾，與舊葉比肩，此其效也。夫苟不知收曬之宜，用彼積掩之沙，或憚披曝，必至羸弱而黄葉者有之，篦之不發者有之。積有日月，不知體察，其失愈甚。候其已覺，方始滌根易沙，加意調護，冀其能復，不亦後乎？抑又知其果能復焉？如其稍可全活，有幾何時後而獲遂本質邪？故爲深奈惜之。因并爲之言曰：與其於既損之後，而欲復全生意，寧若於未分之前，而必欲全其生意，豈不省力？今逐品所宜沙土，開列於後。

陳夢良，用黄净無泥瘦沙種，而忌用肥，恐有腐爛之失。

吴蘭、潘蘭，用赤沙泥。

何蘭、蒲統領、大張青、金棱邊，各用黄色粗沙和泥，更添些少赤沙泥種爲妙。

陳八斜、淳監糧、肖仲弘、許景初、何首座、林仲、孔莊觀成，乃下品，任意用沙。

濟老、施花、惠知客、馬大同、鄭少舉、黄八兄、周染，宜溝壑中黑沙泥，和糞壤種之。

李通判、灶山、鄭伯善、魚魫，用山下流聚沙泥種之。

夕陽紅以下諸品，則任意栽種。此封植之概論也。

灌溉得宜第五

夫蘭自沙土出者，各有品類，然亦因其土地之宜而生長之。故地有肥瘦，或沙黄土赤而瘠，有居山之巔，山之岡，或近水，或附石，各依而産之，要在度其本性何如爾，不可不謂其無肥瘦也。苟性不能别，曰何者當肥，何者當瘦，强出己見，混而肥之，則好膏腴者，因得所養之法，花則輕〔三八〕而繁，葉則雄而健。所謂好瘦者，不因肥而腐敗，吾未之信也。一陽生於子，荄甲潛萌，我則注而灌溉之，使蘊諸中者，稍獲强壯。迨夫萌芽〔三九〕迸沙，高未及寸許，從便灌之，則戢然而卓簪。暨南薰之時，長養萬物，又從而漬潤之，則修然而高，鬱然而蒼若者，精於感遇者也。秋八月之交，驕陽方熾，根葉失水，欲老而黄，此時當以濯魚肉水或穢腐水澆之。過時之外，合用之物，隨宜澆注，使之暢茂，亦以防秋風肅殺之患。故其葉弱，拳拳然抽至出，冬至而極。夫人分蘭之次年不發花者，蓋恐泄其氣，則葉不長爾。凡善於養花，切須愛其葉，葉聳，則不慮其花不發也。

紫　花

陳夢良，極難愛養，稍肥，隨即腐爛，貴用清水澆灌則佳也。

潘蘭，雖未能受肥，須以茶清沃之，冀得其本生地土之性。

吴花，看來亦好肥，種當灌溉，以一月一度。

趙花、何蘭、大張青、蒲統領、金棱邊，半月一用其肥則可。

淳監糧、蕭仲和、許景初、何首座、林仲、孔莊觀成，縱有太過不及之失，亦無大害。於用肥之時，當時沙土乾燥，遇晚方始灌溉，候曉，以清水碗許澆之，使肥膩之物，得以下積其根，廣新來未發，發篦自無勾蔓逆上、散亂盤盆之患。更能預以瓮缸之屬，儲蓄雨水，積久色緑者，間或灌之，而其葉則浡然挺秀，濯然而争茂，盈臺簇檻，列翠羅青，縱無花開，亦見雅潔。

白花

濟老、施花、惠知客、馬大同、鄭少舉、黄八兄、周染，愛肥，一任灌溉。李通判、灶山、鄭伯善，肥在六之中，四之下。又朱蘭亦如之。

魚魫蘭，質不瑩潔，不須以穢膩之物澆之。

夕陽紅、雲嶠、青蒲、觀堂主、名弟、弱脚，肥瘦任意，亦當觀其沙土之燥，晚則灌注，曉則清水澆之，儲蓄雨水沃之，令其色緑爲妙。

惠知客等蘭，用河沙簸[四〇]去泥塵，夾糞蓋泥種，底用粗沙和糞方妙。

鄭少舉，用糞蓋泥和便曬乾種之，上面用紅泥覆之。

灶山，用糞壤泥及河沙，内用草鞋屑鋪四圍種之，累試甚佳。大凡用輕鬆泥皆可。

濟老、施花，用糞及小便澆泥擁曬，用草鞋屑圍種。

種蘭奥訣

分種法：分種蘭蕙，須至九月節氣，方可分栽。十月時候，花已胎朵，不可分種。若見雪霜大寒，尤不可分栽，否必損花。

栽花法：花盆，先以粗碗或粗碟覆之於盆底，次用桴炭鋪一層了，然後却用肥泥薄鋪炭上栽之，糁泥壅根如法。栽時不可以手捺實，否則根不舒暢，葉不長發，花亦不繁茂矣。乾濕依時，用水澆灌。

安頓澆灌法：春二三月，無霜雪，安放花盆在露天，四面皆得澆水，日曬不妨。逢十分大雨，恐墜其葉，則以小繩束起。如連三四日，須移避暑通風處。四月至八月，須用疏密得所篾籃遮護，容見日氣，最要通風。

梅天忽逢大雨，須移花盆向背日處。若逢大雨過，又逢日曬，盆内熱，水則蕩害葉亦損根。花開時，若枝上花蕊多，候開次有未開一兩蕊頭，便可剪去，若留開盡，則奪了來年花信。

九月，看花乾處，用水澆灌，則不可濕而又怕濕，或用肥水培灌一兩番不妨。冬十月、十一月、十二月及正月，不澆不妨。最怕霜雪，須用密篕遮護，安頓朝陽有日照處，南窗檐下極美。花盆畢竟兩三日一番旋轉，取其日曬均匀，則開時四面皆有花。若曬一面，則一處有之。

澆水法：用河水，或池塘水，或積留雨水最佳。其次用溪澗水，切不可用井水。大抵井水性陰，恐致凍損。澆時須於四畔匀灌，不可從上澆下，恐壞其葉也。四月，若有梅雨，不必澆，若無雨，澆。五月至，須是早起五更，日未出時澆一番，至晚，黄昏澆一番。又須看花乾濕，則不必澆十分濕，恐爛根。

種花肥泥法：栽蘭用泥。不管四時，收蕨菜草，待枯，於空地鋪放，以山泥薄覆草上，復再鋪草於泥上，又將泥覆，如此相間三四層，則發火煨之。却用糞入前土，稍乾，又以糞澆入。如此又數次，安放閑處，聽栽時用。或用拾舊草鞋，積浸水糞中，日久，拌黄泥燒過，又用大糞澆，放空地，盡令雨打日照，兩三月過，收起聽栽，亦佳。

去除蟣虱法：肥水澆花，必有蟣虱在葉底，恐壞葉則損花。如生此蝨，即研大蒜和水，以白筆蘸拂洗葉上乾净，其蟲自無。

雜法：盆下有竅，不可著泥地安頓，恐蚯蚓從孔中潛入，損侵花根。蟻穴亦忌，猶須防之。

盆須架起，庶令風從底入，以得透氣爲佳，又免蚯蚓蟻蟲之患。

蘭之壯者，有二三十萼，弱者只有五六萼，或種時無肥泥故也。必須及時换泥，如法栽過，以獲茂盛耳。

欲分，直須交過九月節氣始可。如遲至十月中，又非其節也。分時須度其根之易分，不可不察。其交互甚者，渾擗折之，非惟分種不盛，抑亦斷送其天年也。

尋常盆面并實，則用竹片挑剔泥鬆，又不可撥損了根。

葉紫紅，恐因受霜打以致耳，急須移向南檐背霜雪處安頓，則仍復自青。

葉黄，惟用苦茶澆之。最忌春雪，一點着葉，則一葉斃矣。可將雞鵝燖湯用缸盛貯，待其作臭，去毛澆之。或以皮屑浸水，或以洗魚腥水澆之，絶妙。

培蘭四戒

春不出，宜避春之風雪。夏不日，避炎日之銷爍。秋不乾，宜常澆也。冬不濕。宜藏之地中，不當見水成冰。

雅尚齋重訂逐月護蘭詩訣

正月相宜置坎方，好將枝葉趁陽光。更須避冷藏檐内，勿使春風雪打傷。
二月須令竹作欄，風摧葉變鷓鴣班。庭前移進還移出，避雪迎陽護更難。
三月新條出舊叢，此時却更怕西風。提防地濕多生虱，根下休教壅着濃。
四月盆泥日曬焦，微微着水灌根苗。先須皮浸河池水，煎過濃茶亦可澆。
五月新抽葉更青，樹陰竹底架高檠。須防蟻穴根窠下，老葉凋殘盡莫驚。
六月驕陽暑正炎，青青新葉怕煩煎。却宜樹底并遮箔，清曉須教水接連。
七月雖然暑漸消，更須三日一番澆。却防蚯蚓傷根本，肥水還令和溺調。

八月西風天氣涼，任他風雨又何妨。便澆糞水能肥葉，雞糞壅根花更香。
九月將殘防早霜，階前南向好安藏。若生白蟻兼黄蟻，葉洒雞油庶不傷。
十月陽生暖氣回，明年花蕊以胚胎。玉莖不露須培土，盆滿秋深急换栽。
子月庭中宜向陽，更宜籠罩土埋缸。若還在外根須濕，乾鱢須知葉要黄。鱢音燥。
臘月風高冰雪寒，却宜高卧竹爲龕。直教二月陽和日，夢醒教君始出關。

竹譜

《竹譜》曰：竹之品類六十有一，述其常品記之。《志林》云：竹有雌雄，雌者多筍。故種竹半擇雌者。物不逃於陰陽，可不信歟？凡欲識雌雄，當自根上第一枝觀之，雙枝是雌，即出筍，若獨枝者是雄。冬至前後各半月，不可種植。蓋天地閉塞而成冬，種之必死。若遇火日及西南風，則不可，花木亦然。凡種竹處，當積土，令稍高於傍地二三尺，則雨潦不侵損，錢塘人謂之竹脚。竹有醉日，即五月十三日也。《齊民要術》謂之竹醉日，《岳州風土記》謂之龍生日。種竹以五月十三日爲上，是日遇雨尤佳。一云用辰日，山谷所謂「根鬚辰日斸，筍看上番成」。又一云宜用臘日，杜少陵詩「東林竹影薄，臘月更宜栽」。予觀諺云「栽竹無時，雨過便移，多留宿土，須記南枝」。則三説皆拘也。又法：三兩竿作一本移種，其根自相扶持，尤易活也。凡竹與菊，根皆長向上，添泥覆之爲佳。竹留三去四，蓋三年留，四年者伐去。竹以五月前、血忌日、三伏内及臘月斫者，不蛀。竹之滋澤，春發於枝葉，夏藏於幹，冬歸於根。如冬伐竹，經日一裂，自首至尾，不得全完。夏伐之最佳，但鞭皆爛，然要好竹，非盛夏伐之不可。七八月尚可。自此滋澤歸根，而不中用矣。《説文》：竹節曰約。古云：渭川千畝竹，其人與千户侯等。《史記》：竹得風，其體夭屈，謂之竹笑。竹筍，陸佃云：字從旬從日，包之日爲筍，解之日爲竹。又曰：字從竹從旬，旬内爲筍，旬外爲竹也。其上番下番，言竹有上番下番，即今言大番小番也。番，去聲，謂大年生筍多，小年生筍少也。杜詩「會須上番看成竹」，蔡夢弼注不知此義，乃云「上番音上篔，蜀名竹叢曰林篔」，誤之甚矣。既不識竹，又不識詩，真瞎子也，何以注爲？非萬玉主人，不知此妙。

竹復死曰箹。音紂。觀《山海經》曰：竹生花，其年便枯。竹六十年易根，易根必花，結實而枯死。實落復生，六年而成町。子作薫，似小變。其治法：於初米時，擇一竿稍大者，截去近根三尺許，通其節，以糞實之則止。又一種法：先將竹斫去本，止留二三寸，填土硫黄在管内，覆轉，根反居上，用土覆之，當年生筍。又《種竹訣》曰：深種淺種，稀種密種，謂之四法。深種者，土要培厚；淺者，以墩置地上種之，不必掘潭；稀者，每墩排開；密者，須擇竹叢三五枝一墩者移來。此亦巧妙語，乃善種法也。

蘄竹

蘄竹，黄州府蘄州出，以色瑩者爲簟，節疏者爲笛，帶鬚者爲杖。唐韓愈詩：「蘄州笛竹天下知，鄭君所寶尤瑰奇。携來當晝不得卧，一府争看黄琉璃。」

斑竹湘妃竹

斑竹甚佳，即吴地稱湘妃竹者，其斑如淚痕。杭産者不如。亦有二種，出古辣者佳，出陶虚山中者次之。土人裁爲箸，甚妙。余携數竿回，乃陶虚者，故不甚佳。

方竹

澄州産方竹，杭州亦有之，體如削成，勁挺可堪爲杖，亦不讓張騫筇竹杖也。其隔州亦出。大者數丈。

孝竹

杭産孝竹，冬則筍生叢外，以衛母寒；夏則筍生叢内，以凉母熱。其竹幹可作釣竿，叢生可愛。

黄金間碧玉竹

杭産，竹身金黄，每節直嵌翠緑一條，不假人爲，出自天巧也。

碧玉間黄金竹

杭産，竹身全緑，每節直嵌金黄一條，亦天成也。二竹絶妙。

雪　竹

廣西産者，斑大而色紅如血，有暈。

鈸　竹

西蜀所産，下有尺許花紋，可愛，即邛竹也。

椶　竹

廣之東西咸産之，葉如棕櫚，畏寒，不宜於南。

桃竹俗名桃絲竹也。

古姚有之，似棕竹而花紋粗，質鬆，色淡於椶竹。

紫　竹

杭産，色紫黑，可作笙簫笛管，諸用俱可，故雅尚者多畜之。

異竹十一種

涕竹：南荒有涕竹，長數百丈，圍三丈六七尺，厚八九寸，可以爲船。其筍甚美，可療瘡癘。

棘竹：一名笆竹，節皆有棘數十，種爲叢。南夷種以爲城，堅不可攻。或自崩根出，大如酒瓮，縱橫相承，狀如繅車。食之，人髮盡落。

簻簩竹：簻竹，皮薄而空，徑不餘二寸，皮上有粗，可爲銼子，銼甲利勝於鐵。若鈍，以漿水澆之，如舊快利。

簜簩竹：簜大如脚指，腹中白幕攔隔，狀如濕麪。將成而筒皮未落，輒有細蟲嚙處成赤迹，似綉畫可愛。

慈竹：夏月經雨，滴汁下地，生蓐似鹿角，色白，食之下痢。

筋竹：南方以爲茅刃。筍未成竹，堪爲弩弦。

百葉竹：一枝百葉，有毒。

桃枝竹：東官有蕪地，西接大海，有長洲，多桃枝竹，緣岸而生。

癭竹：東洛近溪，忽有竹生癭，大如李。

羅浮竹：羅浮有巨竹萬千竿，連至岩谷，圍二丈有餘，有三十九節，節二丈許。南人以竹爲甑，類見之矣。

童子寺竹：唐李衛公言，北都童子寺，有竹一窠，才長數尺。相傳其寺綱每日報竹平安。

校勘記

〔一〕「宜」，原作「具」，今據弦雪居本、四庫本改。

〔二〕「藥花頗有可觀者」至「不能悉載」十八字原缺，今據弦雪居本、四庫本補。

〔三〕「種盆短蕉」至「高可玩」二十九字原缺，今據弦雪居本、四庫本補。

〔四〕「月季非長春」至「妙甚」十七字原缺，今據弦雪居本、四庫本補。

〔五〕「閩粤一種」至「美甚」十四字原缺，今據弦雪居本、四庫本補。

〔六〕「有白薇色近微紅此種亦可」，弦雪居本、四庫本作「有大紅色有白色有粉紅色有茄色」，標題「二種」作「五種」。

〔七〕「外有細葉一種亦佳」八字原缺，今據弦雪居本、四庫本補。

〔八〕此條原無，今據弦雪居本、四庫本補。

〔九〕「四」，原作「三」，今據弦雪居本、四庫本改。

〔一〇〕此條原無，今據弦雪居本、四庫本補。

〔一一〕「他如桂林」至「惜不可得」四十七字原缺，今據弦雪居本、四庫本補。

〔一二〕標題原無，今據《古今圖書集成・草木典・花部》引補。

〔一三〕「三十三種」，弦雪居本作「三十三種」、四庫本作「三十五種」，實爲四十種。
〔一四〕「三十二種」，實爲三十種。
〔一五〕「着」，原作「看」，今據弦雪居本、四庫本改。
〔一六〕「錦」，弦雪居本、四庫本均作「綿」。
〔一七〕「帶」，宋趙時庚《金漳蘭譜》卷上作「席」。
〔一八〕「黯」，《金漳蘭譜》卷上作「翠」。
〔一九〕「英」，原作「莢」，今據《金漳蘭譜》卷上改。
〔二〇〕「博」，《金漳蘭譜》卷上作「傅」。
〔二一〕「棱」，《金漳蘭譜》卷上作「殿」。
〔二二〕「花」字原缺，今據《金漳蘭譜》卷上補。
〔二三〕「肥」，《金漳蘭譜》卷上作「微」。
〔二四〕「貴」字原缺，今據《金漳蘭譜》卷上補。
〔二五〕「貴」字原缺，今據《金漳蘭譜》卷上補。
〔二六〕「惠知客」，《金漳蘭譜》卷上作「惠知容」。

〔二七〕「或向背嬌柔瘦潤」，《金漳蘭譜》卷上作「或向或背嬌於瘦困」。
〔二八〕「惠知客」，《金漳蘭譜》卷上作「惠知容」。
〔二九〕「時」，《金漳蘭譜》卷上作「曉」。
〔三〇〕「空」字原缺，今據《金漳蘭譜》補。
〔三一〕「售販」，原作「集凝」，今據《金漳蘭譜》卷上改。
〔三二〕「鍾」，原作「種」，今據《金漳蘭譜》卷上改。
〔三三〕「竊」，原作「切」，今據《金漳蘭譜》卷上改。
〔三四〕「强」，原作「弱」，今據《金漳蘭譜》卷上改。
〔三五〕「斜」，《金漳蘭譜》卷上作「尉」。
〔三六〕「盈」字原缺，今據《金漳蘭譜》卷上補。
〔三七〕「絲網」，《金漳蘭譜》卷上作「細蟲」。
〔三八〕「輕」，原作「轉」，今據《金漳蘭譜》卷中改。
〔三九〕「芽」，原作「英」，今據《金漳蘭譜》卷中改。
〔四〇〕「簸」，原作「嵌」，今據《金漳蘭譜》卷中改。

附録

遵生八箋序

夫人生實難，有生必滅，亭毒虔鎦，遞相推賈。何晝弗晦，何流弗東，朝市喧囂，舟車雜踏，轉盼之間，悉爲飛塵。若朝花之謝夕英，後波之推前浪。無問韶姱醜姿，王侯厮養，同掩一丘，大期既臨，無一得免者。智士作達，委而任之，順自然之運，聽必至之期，靡貪靡怖，時到即行。或縱娱樂，取快目前；或寶榮名，不朽身後，命曰曠達，亦庶幾賢於火宅煎憂，土灰泯坳者矣。然若曹必無可奈何，而姑爲此託寄，語雖近似，理則未然。不知命有可延之期，生有可尊之理。人患昧理而不能研討，知其理矣，又或修持而不能精堅，卒之命先朝露，骨委黄壚，良可邑邑。

夫藏寶於篋者，揮擲則易空，吝嗇則難盡，此人所共知也。人禀有限之氣神，受無窮之薄蝕，精耗於嗜欲，身疲於過勞，心煩於營求，智昏於思慮。身坐几席而神馳八荒，數在刹那而計營萬祀，攬其所必不任，覬其所必不可得。第動一念，則神耗於一念；第着一物，則精漏於一物。終日營營擾擾，翕翕熠熠，塊然方寸，迄無刻寧。即雙睫甫交，魂夢馳走，四大稍定，丹府驛騷，形骸尚在，精華已離，猶然不省，方將爲身外無益之圖，勞擾未已也。譬之迅飆之振槀籜，衝波之泐頽沙，烈火之燎鴻毛，初陽之晞薤露，性命安得不傷，年齡安得不促乎！

至人知慆淫之蕩精，故絶嗜寡欲以處清静；知沉思之耗氣，故戒思少慮以宅恬愉；知疲勞之損形，故節慎起居以寧四大；知貪求之敗德，故抑遠外物以甘蕭寥。畏侵耗如利刃，避傷損如寇仇，護元龢如嬰兒，寶靈明如拱璧，防漏敗如航海，嚴出入如圍城。而觀竅妙，明有無，媾陰陽，煉神氣，成聖結丹，抱元守一，以至混沌如綿，虚空粉碎而後已，如是乃謂之尊生。自軒后、柱下以來，維三光而後天地者，代有其人，寧可盡目之爲誕謾不經乎！

虎林高深父，博學宏通，鑒裁玄朗。少嬰羸疾，有憂生之嗟，交游湖海，咨訪道術，多綜霞編雲笈，秘典禁方，家世藏書，資其淹博，雖中郎至賞，束晳通微，殆無以過。乃念幻泡之無常，傷蜉蝣之短晷，悟攝生之有道，知人命之可延，剖晰玄機，提拈要訣，著爲《遵生八箋》。恬寂清虚，道乃來舍，故有清修妙論；陰陽寒暑，妙在節宣，故有四時調攝；養形以無勞爲本，故有起居安樂；學道以治病爲先，故有延年却病；消煩去悶，丹境怡愉，故有燕閑清賞；戒殺除膻，藏腑澄澈，故有飲饌服食；補髓還精，非服藥不效，故有靈秘丹藥；調神出殼，非脱塵不超，故有塵外遐舉。繼之修身煉性，養氣怡神，以了道還元，長生度世，洵人外之奇書，玄中之寶籙也。

或謂大道以虚無爲宗，有身以染著爲累。今觀高子所叙，居室運用，游具品物，寶玩古器，書畫香草花木之類，頗極煩冗。研而討之，馳擾神思；聚而蓄之，障閡身心，其於本來虚空，了無一法之旨，亦甚戾矣，何遵生之爲？余曰不然，人心之體，本來虚空，奈何物態紛拏，汩没已久，一旦欲掃而空之，無所栖泊。及至馳騁漂蕩而不知止，一切藥物補元，器玩娱志，心有所寄，庶不外馳，亦清净之本也。及至豁然縣解，躍然超脱，生平寄萬之物，并剗一空，名爲捨筏，名爲甩手，嗟乎，此惟知道者可與語此耳。抱樸子、陶都水得道至人，咸究心古今名物，陰陽術數，醫卜方藥，一事不知，以爲深恥，不聞障心而累道，何疑於深甫乎！

昔蔡邕秘王充《論衡》以爲至寶，今觀《論衡》，間有名言，未關至理，頗事搜獵，終屬冗猥。令中郎得見深甫《八箋》，當何以云？余恐寶《論衡》者，雖得《八箋》，未必知寶也。

萬曆辛卯孟夏之吉，玻光居士屠隆緯真父撰。瑞南道人高濂深甫隸古。

遵生八箋叙

不佞束髮，探壁中科斗旌陽師八誡，神魂寄之。辛未，叨一第，官欽州，去家萬里而遥。島夷猖狂，歲坐烽火中調兵食，即往來勾漏，悠然會心，而有生之樂無幾矣。已而官爽鳩氏，載疏乞南官，冰廳無事，閉影息交，日取三藏書服習之，其於遵生旨稍稍窺一斑。庚辰春三月，夢陶貞白坐語良久，即上書，不待報，歸武林。斯時也，五柳依依，與張緒争少年矣。壬午春，坐圜中百日，大悟遵生口訣，以省中風塵起，未竟此緣，至今殊怏怏也。年來上武夷，過雁蕩，求出塵如管涔童子、靈威丈人者，冀旦莫遇之，而龍沙八百，尚在渺茫間。

庚寅秋杪，自白岳歸，有天際真人之想。適瑞南高子詣余曰：子虛往而實歸矣。吾所集《遵生八箋》，皆生平所得實際語，子爲我彈射之。余挑燈夜讀，如入五都之市，畢陳衆寶，如晬盤示兒，種種咸在。洛陽紙貴，自今始矣。余謝玄晏烏能爲子重。余癖嗜抱樸子勤力著十萬言，今千載又獲睹《遵生》大編，且得嘗禁臠焉。其一曰《清修妙論箋》，出入乎二氏，而耀寶珠以照濁世者也。其二曰《四時調攝箋》，貫徹乎陰陽，而運殺機以全生機者也。其三曰《起居安樂箋》，蘧廬乎天地，而借幻境以養真詮者也。其四曰《延年却病箋》，橐鑰乎三寶以壽天命者也。其五曰《飲饌服食箋》，化工乎群品以完天倪者也。其六曰《燕閑清賞箋》，遨游乎百物以葆天和者也。其七曰《靈秘丹藥箋》，借軒岐之梯航以度無量衆生乎。其八曰《塵外遐舉箋》，樹箕潁之風聲以昭儒家功令乎。瑞南子良苦心矣。

余筮仕天涯，即五嶺八桂，盡入奚囊，歸來無歲不出遊名山洞府，足迹殆遍，未得窺二酉以印證了了於胸中者。幸而得《八箋》咀嚼之，洋洋灑灑然，遵生之旨大備矣。試展《清修妙論》，所以羽翼許師八誡者，功豈淺淺乎哉？他可知矣。余不敏，敢終身誦之，且乞壽之梓，以公天下具隻眼者。高子曰：唯唯。

萬曆辛卯歲仲夏之辛卯日，貞陽道人仁和李時英撰。後學柴應楠仲美甫書。

遵生八箋原叙

自天地有生之始以至我生，其機靈自我而不滅。吾人演生生之機，俾繼我後，亦靈自我而長存，是運天地不息之神靈，造化無疆之竅，二人生我之功，吾人自任之重，義亦大矣。故尊生者，尊天地。父母生我自古，後世繼我自今，匪徒自尊，直尊此道耳。不知生所當尊，是輕生矣。輕生者，是天地父母罪人乎，何以生爲哉！然天地生物，鈞窮通壽夭於無心，俾萬物各得其稟；君子俟命，聽富貴貧賤於賦畀，順所適以安其生。彼生於富貴者，宜享榮茂之尊矣，而貧賤者，可忘閑寂之尊哉。故余《八箋》之作，無問窮通，貴在自得，所重知足，以生自尊。博采三明妙論，律尊生之清修。備集四時怡養，規尊生之調攝。起居宜慎，節以安樂之條。却病有方，導以延年之術。虞燕閑之溺邪僻，叙清賞，端其身心。防飲饌之困膏腴，修服食，苦其口腹。永年以丹藥爲寶，得靈秘者乃神，故集奇方於二藏。隱德以塵外爲尊，惟遐舉者稱最，乃録師表於百人。八者出入玄筌，探索隱秘，且每事證古，似非妄作，大都始則規以嘉言，繼則享以安逸，終則成以善行。吾人明哲保身，息心養性之道，孰過於此，謂非住世安生要徑哉？是誠出世長生之漸門也。果能心悟躬行，始終一念，深造妙道，得意忘言，俾妙論合得，調攝合序；所居常安，無病可却；謝清賞玩好，俾視空幻花；辟飲饌腥羶，而味餐法喜；丹藥懷以濟人，遐舉逸吾高尚，向之藉窺尊生門户者，至則登其徑奥矣。到此則心朗太虚，眼空天界，物吾無礙，身世兩忘，坐致岡陵永年，鮐龐住相，逍遥象外，游息人間，所謂出塵羅漢，住世真仙，是即《八箋》他日證果。諺云：得魚忘筌。文字其土苴哉，箋帙當爲覆瓿矣。故知尊生之妙者，毋於此過求，亦毋以此爲卑近也，乃可與談道。

湖上桃花漁高濂深甫瑞南道人撰。